이·랜드
뉴 프런티어
마케팅전략

이랜드 뉴 프런티어 마케팅 전략

차기현 지음

개정 1쇄 인쇄 | 2010. 7. 26.
개정 1쇄 발행 | 2010. 8. 9.

발행처 | 이너북
발행인 | 김청환

등록번호 | 제 313-2004-000100호
등록일자 | 2004. 4. 26.

서울시 중구 충무로 3가 59-9 예림빌딩 401호
전화 02-323-9477, 팩시밀리 02-323-2074

기획 | 한성출판기획(www.ibook4u.co.kr)
책임편집 | 이선이
이메일 | innerbook@naver.com

ⓒ 차기현, 2010
ISBN 978-89-91486-47-8 03320
값은 표지에 있습니다. 잘못된 책은 바꿔 드립니다.

www.innerbook.co.kr

이 책의 저작권은 저자에게 있습니다. 저자와 출판사의 허락 없이
내용의 일부를 인용하거나 발췌하는 것을 금합니다.

E·LAND

이·랜드
뉴 프런티어
마케팅 전략

차기현(한국경제신문 기자)지음

| 시작하며 |

이랜드 성공신화의 DNA를 찾아서

'춘래불사춘(春來不似春)'

또 한 번 대지에는 봄이 찾아왔지만 봄기운을 느끼지 못하는 젊은 이가 있었다. 이대 앞 보세 옷 가게 '잉글런드(England)'. 5년 동안 근육무력증이라는 희귀병과 싸운 끝에 간신히 기력을 되찾은 30대 젊은 사장. 날마다 동대문 시장에서 옷을 사다가 이대 앞에서 팔고 있지만 초창기 하루 매출은 달랑 몇 만원. 가게를 차리는 데 빌린 500만 원이 가진 돈의 전부여서 차는 구입할 엄두도 못 내고 택시비마저 아까워 날마다 옷 짐을 지고 버스에 오른 사람. 이것이 연매출 8조원, 재계순위 26위(2007년 기준, 공기업 제외)의 대(大) 이랜드 그룹을 일군 박성수 회장의 27년 전 모습이라면 믿을 수 있을까.

박 회장에게 오랜 투병기간은 새로운 인생을 시작할 수 있도록 해

준 귀중한 시간이었다. 그는 근육무력증을 앓는 동안 국내에서 발간되는 대부분의 시사·경제 매거진과 수많은 경제·경영 서적을 독파했다. 이때 읽었던 책들(상당수는 '이랜드 필독서 리스트 P.90~P.95 에 올라 있다)이 뒷날 이랜드가 성공적인 비즈니스를 펴는데 중요한 밑거름이 됐다. 희귀병에 절망한 나머지 무기력하게 누워서 시간만 보냈다면 지금의 성공을 일궈 내지 못했을 것이다.

물론 이렇게 비즈니스맨으로서 소양을 갈고 닦은 박 회장이 혼자만의 힘으로 이랜드를 대기업으로 만든 것은 아니다. 수많은 이랜드 맨들이 자신들만의 고유한 정신과 기업문화로 똘똘 뭉쳐 27년을 달려왔기에 지금의 거대한 이랜드 그룹이 될 수 있었다. 그들만의 정신, 기업문화, 사소한 습관까지, 사업을 성공으로 이끌었던 비결에 대해 모두가 공감할 수 있는 답을 내보고, 또 각 개인이 비즈니스에 활용할 수 있게 하자는 것이 바로 이 책을 발간한 의미이다.

박 회장은 기회가 닿을 때마다 여러 강연과 기자회견 등을 통해 이랜드의 성공 비결은 "다른 제품보다 질 좋은 제품을 다른 이들보다 싸게 판 것"이라고 강조한 바 있다. 박 회장의 강연이나 기자회견을 들은 이들은 하나같이 "너무 당연하고 뻔한 얘기를 하는 게 아니냐?'는 반응을 보이는 게 보통이다. 하지만 바꾸어 말하면 '고(高)품질의 상품을 저가(低價)에 판매하면 매출이 늘어나는 것은 당연하다'는 아주 확실한 판매의 진리가 담겨 있는 박 회장만의 철학이 담긴 말이기도 하다.

괄호 속에 들어 있는 성공의 비결을 찾아서

이유야 어찌되었든 간에 대박집 사장의 입에서 '쪽박집' 주인도 알만한 평범한 대답이 나오면 김이 팍 새는 법이다. "진리는 의외로 평범한 곳에서 찾을 수 있다."는 말조차 진부한 시대다. 그렇다면 과연 이랜드는 다른 기업들과 어떤 점에서 확실히 다른 경영을 했던 것일까? 패션과 유통을 담당하는 기자로서 2년 반 동안 이랜드를 집중 취재하면서 그처럼 당연한 말 앞에 괄호로 묶인 수식어를 발견하고 나서 필자는 저절로 고개가 끄덕여지는 경험을 할 수 있었다. 그것은 바로 "(파는 사람의 입장에서가 아니라 사는 사람의 입장에서 생각했을 때) 고품질의 제품을 저렴하게" 라는 이랜드만의 '남 중심적' 경영 철학이다.

사실 이랜드의 현재에서 이랜드를 일궈 온 성공의 비결이나 비즈니스의 철학을 찾는 것은 쉽지 않은 일이다. 우선 규모에서부터 압도당하고 들어간다. 이랜드는 캐주얼 의류업계를 석권했고, 도심형 백화점식 아울렛(2001아울렛, 뉴코아아울렛 등)이라는 새로운 유통채널을 개척했다.

태생부터 이랜드 계열 브랜드인 '티니위니' 나 '후아유' 매장을 둘러보고, 2001아울렛에서 천 원짜리 데코레이션 상품을 만지작거리다가, 찰스 왕세자가 사는 '성(城)'의 이름인 '켄싱턴'으로 간판을 바꿔 단 '뉴설악 호텔'의 환골탈태를 지켜보면서 "도대체 어디에 남 중심적 사고가 있지?"라고 묻는 것은 부질없다. 흔히 이랜드의 성공

비결을 찾으려는 많은 이들이 빠지는 오류 중 하나가 현재의 거대해진 이랜드를 대상으로 그 어떤 성공비결을 찾아보겠다고 나서는 데 있다.

'남 중심적 사고'는 지금까지 이랜드 성공요건의 '8할'에 해당한다. '남 중심적 사고'는 18가지 '이랜드 스피릿' 중에 가장 상위에 놓이는 개념이다. 이랜드 그룹을 성공으로 이끈 남 중심적 경영철학을 이해하고 자신의 것으로 소화하기 위해서는 이대입구에서 자본금 500만원으로 시작한 구멍가게 '잉글런드'의 성공 비결을 '복기'해 보는 게 좋다. 1장 1절의 남 중심적 사고(P.32~P.44) 편에서 이에 대해 자세히 다뤘다.

이랜드는 쉽게 꺾이지 않는다

이랜드는 지금 재계의 전통적인 대기업들로부터 '질투'에 가까운 시선을 받고 있다. 유례를 찾을 수 없을 정도로 빠른 기간에 고도성장을 이룩한 기업답게 재계에서 이런 저런 질시에 가까운 경계대상이 되고 있는 이랜드. 이랜드를 향한 근거 없는 질시는 기업 인수합병(M&A) 시장에서 기린아로 떠오르면서부터 시작됐다. 이랜드에 대한 유언비어와 근거 없는 비난의 목소리가 그것.

질투 어린 비난의 화살이 조금 잠잠해졌다 싶더니 이번에는 비정규직 사태를 둘러싸고 노조의 공격이 시작되었다. 여기에 한 술 더 떠 '비정규직 관련법' 개정 싸움에서 수세에 몰린 민주노총이 상대하기 만만한 기업으로 이랜드를 지목하자 사태는 걷잡을 수 없는 방향으로 나아갔다. 하지만 이랜드는 쉽게 꺾이지 않았다. 특히 한국까르푸를 인수해 리뉴얼한 대형할인점 '홈에버'는 강성 노조의 매장 점거 등으로 인한 극심한 매출 타격을 입으면서도 결코 노조와 원칙에서 벗어난 타협을 하지 않았다. 국내 굴지의 현대자동차도 못 했던 일이다.

원칙을 지켜야 한다는 고집 때문에 비정규직 사태의 한가운데서 벗어나지 못한 홈에버는 결국 이랜드가 인수한 지 2년여만에 다시 영국계 유통업체인 테스코로 넘어가는 운명을 맞게 됐다. 하지만 이랜드는 그런 가운데서도 결코 손해보는 장사를 하지 않았다. 이랜드는 2006년 1조7000억 원을 들여 당시 '한국까르푸'를 인수해 홈에버로 간판을 바꿔 달았다. 이 홈에버를 2008년 테스코에 넘긴 가격은 2조3000억 원. 인수 당시 빌렸던 돈의 이자로 나간 돈과 리뉴얼 비용 등을 모두 제하고도 4000억 원의 차익을 얻은 것으로 업계는 분석하고 있다.

금전적으로 이득을 봤다고는 해도 이랜드로서는 공들여 '프리미엄 할인점'으로 일구려던 홈에버를 노조 문제로 잘라내야 하는 아픔을 겪었다. 인수합병(M&A)으로 일어서 온 이랜드그룹의 역사에 뼈아픈 사례의 하나로 기록될 것이다. 하지만 이랜드는 한두 번의 실패로 쉽게 꺾이지 않는 회사다. 외환위기 당시 굴지의 신용평가기관들로부터 일제히 '회생불가' 판정을 받고서도 뼈를 깎는 구조조정을 통해 오뚝이처럼 다시 일어선 경험(3장 2절 P.238~P.242 참조)도 있다. 이랜드에게 시련도 약이 된 사례는 이루 헤아릴 수 없을 만큼 많다. 그 중 일부는 이 책에서 다뤄질 것이고 독자들은 그로부터 '실패를 극복하며 한 발 더 나아가는 이랜드만의 방식'을 배울 수 있을 것으로 확신한다.

 역경을 뚫고 '패션'과 '유통' 그리고 '레저' 분야에서 강자로 성장한 이랜드의 힘은 직원 한 명 한 명의 몸속에 흐르는 피처럼 자연스럽게 녹아 들어가 있다. 따라서 이랜드를 이해하기 위해서는 공채 신입사원으로 입사해 보는 게 가장 빠르다. 하지만 성공 비결을 알자고 이랜드의 정식 멤버가 되는 것은 쉽지 않은 일이다. 그렇기에 일종의 '표본 추출'이 필요하다. 그런 차원에서 이랜드의 과거와 현재 속에 녹아 있는 성공 비결들을 하나하나 꺼내 보려 한다.

| 차례 |

시작하며_ 4

1 이랜드를 지탱하는 힘, 이랜드 스피릿

1 우리는 다르다_ 32
2 청소하는 사장님_ 45
3 교복 입은 이랜드맨_ 57
4 본·깨·적, '본' 것 '깨'달은 것을 현장에 '적'용하라_ 72
5 재능보다는 성실_ 85
6 소비자를 기쁘게 하는 '상인정신'_ 108
7 모든 일을 신의 눈앞에서 하는 것처럼_ 122
8 남 중심적 사고방식_ 128

에필로그_ 136

2 | 이랜드 WAY, 이랜드가 뛰어 들면 성공한다

1 일만 이천 '지식자본가'가 이끄는 이랜드 지식회사_ 143
2 모든 것은 가능하다_ 160
3 4P로 보는 이랜드의 블루오션 전략_ 173
4 여성의 잠재력을 활용하라_ 186
5 국내는 좁다 해외로 간다_ 194
6 털어도 먼지 안 나는 회사_ 206
7 쓰기 위해서 버는 회사_ 217

3 위기를 기회로

1 허깨비와의 전쟁_ 233

2 외환위기의 폭풍우를 뚫다_ 238

마치며_ 245

1

이랜드를 지탱하는 힘

이랜드 스피릿

이랜드맨들의 성공DNA-이랜드 스피릿

이랜드는 ~했기에 성공했다는 (　) 속의 성공요인은 무엇일까? 남 중심적 사고'로 남과는 '다르게 생각한' 이랜드맨들의 '캔 두 스피릿' 정신은 '재능보다 성실' 한 인재들이 '돈보다 일 중심' 으로 '일보다 사람 중심' 의 '미래지향적 사고' 를 가지고 '절약' 과 '정돈' '청결' '위생' 을 중시해 팀원들의 뛰어난 '팀워크' 로 오늘의 '월드비전' 을 갖춘 이랜드그룹으로 성공할 수 있었다. 이 장에서는 남다른 생각으로 '에코마트' 를 성공시키고, '본·깨·적' 노트로 회사를 위해서라면 사소한 것 하나라도 쉽게 지나치지 않았던 이랜드맨들의 성공하는 '이랜드 스피릿' 이 생생하게 펼쳐진다.

1장
이랜드를 지탱하는 힘, 이랜드 스피릿

우리는 이제부터 2평짜리

보세옷 가게로 출발한 이랜드가 어떻게 매출 10조 원을 눈앞에 둔 대기업으로 성장할 수 있었는지를 살펴보려 한다. 이랜드의 성공 비결을 얘기할 때 가장 먼저 언급하지 않을 수 없는 것은 바로 그들만의 독특한 기업 문화이다. 이랜드를 처음 방문한 사람들은 다른 회사들과는 사뭇 다른 분위기에 어색한 첫인상을 갖게 된다. 필자 역시 서울 창전동 이랜드 본사 사옥 1층에 마련된 기자실을 이용하기 위해 방문했을 때 다른 회사와는 무척 다른, 어떤 위화감 같은 걸 느꼈다.

그 첫 번째 위화감은 아이러니하게도 직원들이 좀 과하다 싶을 정도로 외부인에게 친절한 태도를 보이는 것이다. 보통 홍보 담당 직원들은 기자들을 대할 때 어느 정도 성의를 가지고 대하는 게 보통이지만 일반 직원들(물론 필자가 기자인 줄 알지 못하는)까지도 화장실에서 눈만 마주쳐도 살짝 웃으며 인사를 건네는 모습에 기분이 좋아지기보다는 왠지 낯선 어색함을 느끼곤 했다.

이랜드 문화의 또 다른 특징은 겸손함이다. 물론 속마음은 다르면서도 겉으로 시늉만 하는 것일 수도 있다. 분명한 것은 이랜드 직원들이 적어도 겉으로는 상대방과 어떤 관계이냐에 상관없이 겸손하고 매너 있게 행동한다는 점이다. 이는 이랜드의 기업문화를 좋아하는 사람이건 싫어하는 사람이건 이구동성으로 말하는 대목이다. 이랜드 계열 패션브랜드에 OEM 납품을 하는 A협력업체 사장은 이랜드 구매 담당 직원들이 "제품을 상대로는 지독할 정도로 깐깐해도 사람을 낮춰 보고 무시하는 법은 없다."고 말했다.

창전동 사옥 1층에는 기자실과 함께 협력업체 직원들을 면담하는 접견 공간이 마련돼 있다. 이랜드 계열 패션회사에 OEM 공급을 하는 회사의 직원이거나 2001아울렛, 뉴코아 등 계열 유통업체에 납품하는 회사 직원들이 이 장소를 이용한다.

상식적으로 생각해 보면 상품을 공급받는 이랜드보다는 이랜드에 상품을 공급하는 협력업체들이 아쉬운 소리를 해야 하는 경우가 많다. 우리가 통상 '갑―을 관계'로 표현하는 것처럼 말이다. 하지만 필자가 기자실을 출입하며 이들의 면담 모습을 지켜본 결과, 어느 쪽이 '갑(이랜드 직원)'이고 어느 쪽이 '을(협력업체 직원)'인지 도무지 구별이 안 가는 경우가 대부분이었다. 이랜드 직원들은 '아쉬운 소리'를 하러 찾아 온 협력업체 관계자들에게 접견실 한 켠에 마련된 테이크아웃 커피숍에서 회사 비용으로 차를 사다가 대접했다. 그 태도는 마치 높은 분을 모시는 것처럼 항상 깍듯하고 정중한 자세였다.

이랜드는 협력업체 직원들과의 면담을 회사 밖에서 진행하는 걸 원칙적으로 금하고 있다. 물론 직접 생산라인을 확인해 봐야 한다거나 창고를 둘러보기 위해 출장을 가는 것은 예외지만 대부분은 회사 1층에 마련된 공개적인 장소에서 이들을 면담하고 계약도 맺는다. 패션에서 유통까지 한 해 5조 원이 넘는 규모의 납품을 받는 이랜드가 협력업체들과 별다른 잡음 없이 사업을 잘 끌고 갈 수 있는 것은 이처럼 거래회사 직원들에게 깍듯하게 대하고, 절대로 '약점 잡힐 만한 일을 하지 않는다'는 원칙을 지켜 왔기 때문이다. 한마디로 '을' 쪽에서 회사 원칙에 어긋나는 어려운 부탁을 할 경우 단호하게 뿌리칠 수 있는 '갑'이 되려는 노력의 일환인 셈이다.

성공하는 사업을 위한 이랜드 식으로 실천하기 ①

껄끄러운 갑—을 관계를 이랜드 식으로 풀어보자

    비즈니스 세계에는 언제나 '갑'과 '을'이 존재할 수밖에 없다. 갑, 을이라는 표현은 원래 계약상의 용어다. 보통 계약서를 쓸 때 상품이나 서비스의 구매자(수요자)를 '갑'으로, 판매자(제공자)를 '을'로 표기하는 경우가 많다. 구매자와 판매자는 서로 필요에 의해 맺어진 사이라는 점에서 수평적 관계여야 옳다. 하지만 현실에선 그렇지 않은 경우가 많다. 일선 현장에서 갑과 을은 대부분 갑이 우위에 서는 상하 관계처럼 받아들여진다. 이러한 비즈니스계의 현실이 비유적으로 반영된 말이 바로 일상생활에서도 쓰이는 '처지가 유리하면 갑, 불리하면 을' 식의 표현이다.

    비즈니스의 현장에서 가장 어렵고도 중요한 문제가 바로 이 같은 '갑-을 관계'를 매끄럽게 잘 풀어내는 일이다. 성공한 사람들은 하나같이 직종과 위치에 관계없이 을의 자세를 지니고 살아간다. 을의 자세란 몸에 배인 친절과 배려, 능동적 태도를 말한다. 을이 이 같은 태도를 보이는 것은 엄연히 현실에서 상전으로 존재하는 갑의 마음에 들기 위해서다. 이랜드식 '남 중심적 사고'에 이를 대입해 보면 갑의 입장에서 마음에 드는 태도가 을에게 마음에 안 들 리 없다. 갑이 지닌 '을의 자세'는 오히려 더 큰 칭송을 받을 수도 있다.

따라서 자신이 만약 '갑'의 입장에 섰다면 스스로 절제하는 자세가 필요하다. 을이 당신에게 잘 보이려 애쓰는 것은 당신이 막강한 권한인 구매력을 가졌기 때문이다. 다시 말해서 결정권의 대부분을 당신이 쥐고 있다는 얘기인데, 한번 입장을 바꿔 생각해 보자. 을에게 있어서 가장 상대하기 쉬운 '갑'은 어떤 유형일까? 영업사원들을 상대로 취재를 해보면 의외로 시간 장소 불문하고 자신을 찾는 '갑'이 대하기가 가장 편하다고 대답한다.

한밤중에 전화로 "여기 어딘데" 하며 술값 계산을 시키는 갑. 이런 구매담당자와 비즈니스를 하는 영업사원은 자신을 언제 불러낼지 몰라 불안할 것 같지만 반대로 발을 쭉 뻗고 잠을 잘 수 있다고 한다. 여기에 주말에 개인적인 일로 운전까지 맡긴다면 금상첨화다. 왜냐하면 아주 단순하게 생각하면 된다. 바로 갑이 부르면 무조건 달려나가기만 하면 되기 때문이다. 자신이 쥐고 있는 구매력이라는 힘을 이처럼 개인적인 용도로 소진해 버린 갑은 이제 을의 손아귀에서 놀아날 수밖에 없는 '종이호랑이'로 전락할 시간만 남았다. 물론 을을 하인처럼 부려먹고 나서도 안면몰수로 나오는 몰염치한 갑도 있기는 있다. 하지만 세상은 좁고 소문은 빠르다. 그런 갑 같은 사람은 언젠가는 '소탐대실'의 과오를 뼈저리게 느끼게 될 것이다.

하지만 절제하는 갑을 만나면 을은 피곤해진다. 개인적인 일로 불러내질 않으니 갑이 오해하지 않고 나에게 호감을 가질 방법을 찾아나서는 수밖에 없다. 그래서 생각해 낸 것이 갑의 장인 장모 상가가지 찾아가서 궂은일을 돕는 것으로 환심을 사보려는 것이다. 그도 아니면 갑의 부인 생일이나 결혼기념일, 자녀의 입학이나 졸업 선물 등을 챙기는 성의를 보이기도 한다. 어떤 영업사원은 자신이 상대하는 갑의 초상집 노력봉사는 물론이고, 가족들 선물까지 모두 거절해 여름휴가를 어디로 가는지 물색한 다음 미리 콘도 냉장고에 음료를 채워 둔 적도 있다고 한다.

  이 같은 사소한 향응까지도 거절한다면 한국 사회에서는 '너무 야박한 사람'이라는 얘기를 들을 수도 있다. 그럴 때는 이렇게 얘기해 주면 된다. "나를 감동시킬 생각을 말고, 고객들을 감동시킬 제품을 만들어주시면 기꺼이 구매하겠습니다."라고. 갑의 위치에서 쥐게 된 파워를 온전히 고객을 위해 사용하려는 자세가 바로 '이랜드식' 갑의 자세이다. '좋은 품질의 제품을 값싸게만 만들어 온다면 당신이 머리를 숙이지 않아도 거래하겠다'는 자세가 바로 이랜드식 갑의 태도라는 얘기다. 그렇게 해서 고객에게 더 나은 가치를 제공하는 것이 비즈니스맨인 당신이 할 일이다.

  을을 상대할 때 예의 바른 태도를 갖는 것은 기본이다. 정작 자신은 그렇지 않은데도 아쉬운 소리를 해야 하는 을의 입장에서는 어쩔 수 없는 자격지심에 별 것 아닌 말 한마디를 듣고도 '건방지다'고 느낄 수 있다. '갑'의 입장인 이랜드 직원들이 손수 커피를 대접하고 깍듯하게 을을 대접하는 것도 바로 이러한 을의 심정을 배려하는 마음이 있기 때문이다.

반대로 당신이 을의 입장이라면 갑에게 무조건 호감을 줄 수 있어야 한다. 자신이 판매 또는 공급하려는 상품과 서비스에 대해서 그 누구보다도 전문가가 돼야 하는 것은 물론이다. 만약 '갑' 측에서 개인적인 부탁을 해 와도 자신을 낮추고 가능한 적극적으로 응해 주는 자세가 필요하다. 당신에 대한 '마음의 빚'이 갑에게 적립될수록 비즈니스는 훨씬 수월해진다는 점을 명심하자.

아울러 자신이 아무리 실적이 급하다고 해도 갑에게 갑자기 무례한 부탁을 하는 일은 삼가야 한다. 필자가 취재한 바에 의하면 기업의 구매 담당자들은 자신과 친분이 있는 영업사원이 갑작스럽게 도움을 구할 때 가장 난감하다고 했다. 들어 주자니 충분히 여건을 조성할 시간이 부족하고, 들어 주지 않자니 상대방과 평소 좋았던 관계가 무위로 돌아갈 수 있어 무척 조심스럽고 난처해진다는 것이다. 따라서 피치 못할 사정으로 청탁을 해야 한다면 최소한 2~3일 이상의 시간을 두고 고려해 줄 것을 요청해야 한다. 그래야 갑 입장에서 성심성의껏 이런 저런 방법을 찾아볼 것이 아닌가. 당장의 실적보다 갑과 쌓아 놓은 좋은 관계가 장기적으로는 당신에게 플러스 요인이 된다는 점을 기억하라는 얘기다.

갑에 대한 칭찬을 자주 하는 것도 좋다. 자신을 추켜세우는 을을 냉담하게 대할 갑은 그리 많지 않다. 다만 눈앞에서 직접 상대방을 칭찬하거나 구체성이 떨어지는("정말 멋지세요"와 같은) 내용으로 찬사를 던지면 입 발린 소리로 들릴 수 있으니 갑을 칭찬할 때는 신중

하게 꼭 칭찬할 부분만 구체적으로 칭찬해야 한다. 자신이 칭찬한 내용이 주변사람을 통해 간접적으로 그의 귀에 들어가도록 하고 내용은 구체적("매번 볼 때마다 넥타이와 셔츠의 조화가 예술입니다."와 같은)으로 하는 게 효과적이다.

이랜드 기업 문화의 토대가 된 것이 바로 '이랜드 스피릿(표)' 이다. 18가지 항목으로 이뤄진 이랜드 스피릿은 이랜드 사람이라면 누구나 줄줄 외고 다닐 정도로 회사 문화에 깊숙이 뿌리 박혀 있다. 보통의 회사로 말하자면 일종의 경영 이념이자 행동 강령이라고도 할 수 있다. 이랜드의 성공 비결을 얘기하면서 이랜드 스피릿을 빼놓고 지나갈 수는 없다. 그만큼 이랜드의 오늘을 만든 정신적 토대라고 할 만큼 이랜드 사람에게는 금과옥조 같은 금언이다.

'이랜드 스피릿' 은 회사 전 직원이 13명이었던 1982년의 어느 날 워크숍 자리에서 예닐곱 개 항목으로 처음 만들어진 것으로 알려져 있다. 이후 회사가 커나가는 과정에서 10여 개의 내용이 추가되면서 현재의 18개 항목으로 모양새를 갖추게 됐다. 처음에는 간부 직원들 사이에서만 공유되다가 본격적으로 공개석상에서 언급된 것은 1987년 주임급 사원 교육에서였다. 이후 이랜드만의 독특한 문화 중 하나인 새벽 강의를 통해 모든 직원들에게 전파되기에 이르렀다.

이 같은 과정을 통해 이랜드 스피릿은 단순한 문구가 아니라 이랜드를 움직이는 보이지 않는 힘이 됐다. 회사의 모든 의사결정 과정에서 이랜드 스피릿에 부합되는지 여부가 기준이 되고 있고, 구체적인 비즈니스를 실행함에 있어서나 사원 개인의 일상생활에 이르기까지 이 원칙들이 광범위하게 적용되고 있다. 이랜드 사람들은 이 18가지 이랜드 스피릿이 오늘의 명실상부한 최고의 패션 유통 종합기업으로 성장한 이랜드를 일군 가장 큰 힘으로 믿고 있다.

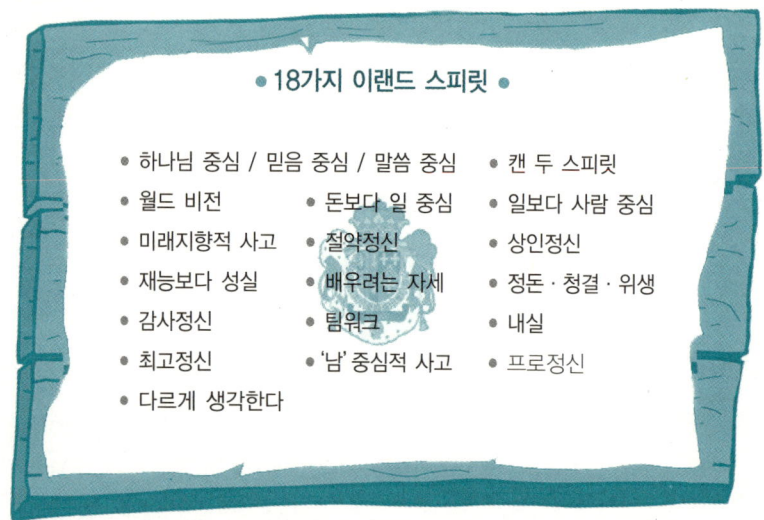

* 이랜드 그룹은 "이 항목들이 각각 똑같은 중요도를 가지고 있고, 별도의 순서는 정해 놓고 있지 않다."고 밝혔다.

이랜드 스피릿은 굉장히 추상적인 것 같으면서도 어떤 항목은 또 '이런 것이 무슨 경영이념이냐'는 느낌이 들 정도로 당연한 얘기거나 자잘한 내용까지 포함하고 있다. 그 중 하나인 '절약정신'을 예로 들어보자. 누군가 당신에게 "우리 회사의 경영 이념 중 하나가 '절약'입니다."라고 얘기하면 아마도 당신은 피식 하고 코웃음을 칠지도 모른다. 하지만 이 말을 바꿔 '원가 절감'이라고 하면 어떤가. 꽤나 그럴듯하게 들리지 않는가. 이처럼 이랜드 스피릿은 그럴듯한 경영학의 개념을 멋 부리듯 쓰지 않고, 다만 그 내용에만 초점을 맞췄다.

즉 경영 이념이 곧바로 실천 강령이 될 수 있도록 직원들이 이해하기 쉽게 생활 속에서 바로 적용할 수 있는 말들로 만들어졌다는 얘기다. 실천 속에서만 이념은 빛을 발한다. 때문에 이랜드 그룹 내부 교육 자료에는 각각의 이랜드 스피릿 항목들에 또 다시 'why how' 등의 상세한 설명이 덧붙여진다.

절약정신 항목에서 'why'로 가보면 절약정신에 대해 덧붙인 설명에서 "우리 회사가 이익을 내는 기본적인 방법"이라고 소개해 놨다. 여기에는 이랜드(패션브랜드를 말함), 헌트, 브렌따노 등 중저가 의류 위주로 성장한 이랜드의 역사가 고스란히 녹아 있다. 중저가에 의존한다는 것은 브랜드 가치에서 비롯되는 초과이익으로 회사가 굴러가는 게 아니라 경비 절감을 통해서 '빠듯한' 이윤을 만들어낸다는 의미다.

이랜드의 이익 목표 달성은 확실히 다른 회사와는 다른 방법을 취하고 있다. 즉 매출액의 6%가 이익 목표라면 통상의 경쟁회사보다 경상비를 6% 절감해 이를 뽑아낸다는 것이다. 가격을 낮춰 고객에게 이익을 돌려주면서도, 회사 내부에서는 마른 걸레도 다시 짜는 절약 방법으로 기업이 목표로 하는 이윤을 창출한다는 개념이 바로 이랜드식 이익 목표 달성 방법이다. 박성수 회장은 이것이 통상의 '박리다매' 식 저가 전략과 다르다고 강조해 왔다. 이 같은 이랜드의 경영전략을 '절약정신'이라는 단 한 마디에 함축적으로 담은 것이다.

이 밖의 이랜드 스피릿 항목들에도 마찬가지로 경영 이념, 실천 방안, 전략 등이 각각 결부돼 하나의 유기적인 복합체를 이루고 있다. 하지만 이랜드는 이 18가지 항목이 회사 외부로 공개되는 것을 꺼린다. 이랜드의 성공을 가능케 한 기업 비밀이라서일까. 필자는 이랜드 스피릿의 이념 조항들과 상세 설명, 실천 방안 등은 이랜드라는 회사를 효율적으로 경영하는데 상당한 역할을 한 높은 가치가 담긴 이랜드만의 지적 재산이라고 생각한다. 하지만 정작 이랜드 측에서는 그런 복잡한 생각을 하고 있지는 않는 것 같다. 그것보다는 오히려 이랜드 스피릿에서 묻어 나오는 기독교적 색채 때문에 오해를 살까 봐 염려하는 분위기가 더 짙은 것 같았다.

필자는 이랜드에서 다른 회사로 건너간 수많은 경력사원들과 CEO들이 대부분 능력을 인정받고 일정한 성공을 거두고 있는 것은 이랜드 스피릿을 몸으로 체득하고 실천에 옮겼기 때문이라고 생각한다. 다른 둥지를 찾아간 이랜드 사람들은, 그대로 따르고 부하 직원에게 교육하기만 하면 높은 성과로 이어질 수밖에 없는 이랜드 스피릿을 각각의 회사에 부분 부분 이식하고 있었다.

이랜드식 경상비 줄이는 방법 : 상시성 · 자발성 · 적합성

이랜드처럼 경상비 절약을 실천하고 싶다면 다음 3가지 원칙을 기억해야 한다.

첫째, 평소에 하라는 것이다. 이랜드 그룹은 특별히 경영 위기 상황이 닥치지 않더라도 평소에 비용절감운동을 펼치고 있다. 당장 눈앞에 보이는 성과가 있든 없든 간에 일단은 모든 구성원이 불요불급한 회사 자원을 아끼려는 마음 자세를 갖고 있는 것이 중요하다. 평소에 경상비를 착실히 아껴 온 기업이라면 갑작스런 불황이 닥쳐와도 인원을 감축하지 않고 얼마든지 버틸 수 있다.

그렇다면 평소에 할 수 있는 경상비 절감 방법에는 어떤 것들이 있을까. 우리가 잘 알만한 대표적인 경상비 절감 사례는 저가 항공사 이용을 들 수 있다. 출장 목적의 비행은 회사에서 전액 비용처리를 해주는데 마일리지는 개인적으로 쌓을 수 있기 때문에 될 수 있으면 국적기를 이용하려는 직원들이 대다수다. "국적기가 스케줄이 좋다"는 핑계도 단골로 등장하는 변명이다.

하지만 요즘은 아시아 지역 출장 때는 꼭 국적기를 타지 않아도 편리하게 이용할 수 있는 저가 항공사들이 많다. 스케줄이 좋지 않아서 현지 비즈니스호텔에서 1박을 더 하더라도 국적기의 항공료보다 싸게 먹히는 경우가 태반이다. 라이언 에어, 에바 항공 등이 대표적인 저가 항공사들이다.

 필자도 대다수 기업들이 적게는 30%에서 많으면 절반까지 항공료가 절약되는 데도 기존에 거래해 오던 여행사가 권하는 대로 무심코 국적기를 이용하고 있는 것을 보고 적잖이 놀란 적이 있다. 10시간 넘게 비행해야 하는 미주나 유럽 출장을 갈 때라면 모르겠지만 3시간 이내의 비행이면 족한 아시아 지역이라면 저가 항공으로도 큰 차이 없이 다녀올 수 있다. 근거리 해외 출장 때 저가 항공 이용을 원칙으로 한다면 경상비를 상당히 아낄 수 있다.

 이 밖에도 점심시간에 '절전 당번'을 정하는 방법도 있다. 절전 당번은 자기가 속한 사무실의 전등을 끄고 컴퓨터와 모니터의 콘센트를 뽑는 것이 주 임무다. 에너지 비용 절감을 위해서다. 아울러 전 직원이 일정 시간 동안 입력할 업무가 없을 때는 자동적으로 모니터가 꺼지도록 하는 절전모드를 실행토록 하는 것도 어렵지 않게 전기료를 아낄 수 있는 방법이다. 무심코 버려지는 다량의 종이컵에 들어가는 비용을 줄이기 위해 개인 컵을 사용하도록 권장하는 것도 좋다. 회사에서 각각의 직원들에게 예쁜 개인 컵을 만들어 보급하는 것도 시도해 볼 만 하다.

 둘째, 경상비 절감은 자발적으로 해야 한다. 전사적인 비용 절감 캠페인을 벌이기에 앞서 이런 일을 하는 이유를 회사 구성원들이 적절히 공유하는 것이 우선이라는 얘기다. '사소한 것부터 아껴서 고객에게 더 큰 가치를 돌려주는 절약 행위를 통해 영속성 있는 기업이 되려는 것이다'는 목표를 명확하게 제시한 뒤 구체적인 행동 지침은 아래로부터 취합(bottom-up)하는 것이 좋다. 그렇지 않고 위에서 시켜서(top-down) 떠밀리듯 절약 운동을 하게 되면 그것만큼 피곤한 일도 없다. 충분한 공감 속에서 전 직원이 한 방향 한 행동으로 움직여야 한다.

이와 관련해서는 르노삼성의 임직원 참여 개선 제안 활동도 참고할 만하다. 르노삼성은 자동차 생산 과정에서 발생할 수 있는 낭비 요소를 수시로 점검해 생산성을 높일 수 있는 아이디어를 전 직원들을 상대로 공모하고 있다. 물론 좋은 제안은 현장에 곧바로 적용된다. 그리고 공장에서 쓰는 각각의 장비의 연료 효율을 개선할 방법을 장비 운전 담당자의 경험에서 찾아내 유류 사용을 줄이는 운동도 펼쳐 나가고 있다. 이를 통해 르노삼성은 매년 약 200억 원의 비용 절감 효과를 거두고 있다.

셋째로는 적합한 영역인지 따져보고 해야 한다는 것이다. 너무 당연한 얘기지만 말처럼 쉬운 일이 아니다. 우선 경상비가 낭비되고 있는 곳이 어떤 영역인지 정확한 진단이 먼저 이뤄져야 한다. 그렇지 않고 우격다짐 식으로 모든 영역에서 비용을 줄이도록 하게 되면 오히려 비효율이 발생할 수도 있다. 그런데 비용을 줄일 수 있는 부분과 그렇지 않은 부분은 해당 실무자들이 가장 잘 안다. 비용절감에 관한 적절한 인센티브가 필요한 것도 이 때문이다. 경비를 줄이고도

전과 똑같은 업무 능률을 거둘 수 있는 방법을 찾아낸 이에게 그만한 보상을 해줘야 한다는 얘기다.

비용을 줄일 수 있고, 또 줄여야 하는 부분을 잘 찾아내 새로운 가치를 창출해 낸 사례로는 독립영화계의 최대 배급사로 떠오른 '스폰지'를 들 수 있다. 스폰지는 2007년 상반기 29편의 예술영화를 개봉해 매출 30억 원, 순이익 6억 원을 기록했다. 대중성이 떨어지는 영화들로 거둔 성과라고는 믿기 어려운 성적표다.

한국의 예술영화 시장 규모는 전체 시장의 5% 정도다. 예술영화의 주 관객층은 문화적 욕구가 강한 20~30대 대졸 이상 학력의 서울 거주 독신 여성과 마니아층이다. 예술영화는 관객층이 넓지는 않지만 꾸준히 영화를 와서 보는 이들로 구성된 게 특징. 스폰지는 많은 작품을 지속적으로 배급하는 규모의 경제를 실현해 마케팅 비용과 경상비를 절감할 수 있었다.

스폰지는 예술영화의 가치를 알고 찾아다니며 보는 사람들을 타깃 고객층으로 설정했다. 이들에게 예측 가능한 상영스케줄을 제공하는 데 주력했다. 다만 홍보와 마케팅은 이들 예술영화 마니아들의 커뮤니티에 전적으로 의존했다. 작품 수입과 상영관 확보에 들어가는 인력과 비용에는 투자를 아끼지 않은 대신 다른 경비를 줄일 수 있었다는 설명이다. 비용 절감에도 선택과 집중이 필요하다는 얘기다.

이상에서 살펴 본 상시성·자발성·적합성이라는 세 요소를 적용해 비용을 절감할 수 있는 각자의 실천계획을 만들어 보자. 경상비 절감은 그것만으로 비즈니스의 성공을 보장받을 수 있는 충분조건은 아니지만 적어도 요즘처럼 경제가 '내우외환'에 시달릴 때도 쓰러지지 않고 영속성 있는 비즈니스를 가능케 해주는 필요조건임에는 틀림없다.

1
─ 우리는 다르다 ─

앞에서 언급한 대로 18가지 이랜드 스피릿 중 가장 상위에 놓이는 개념은 '남 중심적 사고'다. '남 중심적 사고' 에 대해서는 뒷부분에 또 다시 구체적으로 다루겠지만(1장 8절 참고) 기본적으로는 '기업의 입장이 아니라 고객의 입장에서', '파는 사람의 입장이 아니라 사는 사람의 입장에서' 생산·구매·마케팅·홍보 등의 모든 활동을 펼치자는 것이다. 인사 측면에서 사원은 '일개 종업원이 아니라 사장이라는 생각으로', 재무 측면에서는 '회삿돈이 아니라 내 돈이라는 생각으로' 업무를 처리하라는 지침이기도 하다.

이처럼 '남 중심적 사고' 란 기업 경영의 근본 철학에 해당한다. 그런데 이 책의 이랜드 스피릿 중 '남 중심적 사고' 보다 아래 항목에 있으면서도 이와 유기적으로 연관된 항목인 '다르게 생각한다' 는 원칙을 가장 먼저 소개하려고 한다. 그 이유는 다르게 생각하기는 이랜드식 사고의 출발점이자 '남 중심적 사고'를 실천하는 원동력이기 때문이다. '남 중심적 사고'가 바탕에 깔리는 '정(靜)의 철학'이라면 실제 현장에서 발상을 '다르게' 하라는 지침은 '동(動)의 철학'이라는 점에서 차이가 있다.

물론 '다르게 생각하라'는 말만으로는 너무 모호한 측면이 있다. 이를 추상적인 수준에서만 다루면 공허할 수밖에 없는 선언이다. 또한 최근 블루오션 이론이 경영 일반에 폭넓게 보급되면서 창의적 아이디어를 통한 신(新)시장 개척은 모든 기업이 추구하는 경영마인드가 됐다. 그렇다면 이랜드만의 독창적인 경영마인드는 어디서 나오는 것일까. 이랜드를 취재하면서 느낀 것은 다르게 생각하기의 관건은 콘텐츠, 다시 말해 어떻게 다르게 생각했는지의 구체적인 '내용'에 있다는 점이다. '뭘, 어떻게, 왜'를 채워 넣어야만 의미를 갖는다는 얘기다.

동대문·남대문시장이 낯선 기숙사 거주 지방학생을 잡아라

이랜드식 다르게 생각하기의 '실천적 의미'를 가장 잘 알 수 있는 사례는 다름 아닌 이랜드 그룹의 초창기 창업 스토리다. 박성수 회장이 이대 앞 옷가게를 창업하고 성공해 기업화까지 이룰 수 있었던 비결은 시작부터 끝까지 '다르게 생각하기'에 있었다. 당신의 비즈니스가 앞으로 이랜드 그룹처럼 크게 성장하길 바라는가. 그렇다면

'다르게' 생각하는 것에서부터 시작하라!

박 회장은 이대 앞에 '잉글런드' 라는 옷 가게를 처음 열 때 '눈 있는 사람이 놀라는 가게' 라는 캐치프레이즈를 내걸었다. 구멍가게치고는 대단한 배포였지 싶다. 당시 이 가게 앞을 지나쳤던 이대생들이 실제 놀라기는 놀랐던 모양이다. 우선 원색의 옷들에 놀랐다고 한다. 통학 때 입을만한 무채색 계열의 차분한 옷들만 진열해 놓은 근처의 다른 옷가게들과는 확연히 다른 상품 구성(MD)이었다.

그렇다고 '잉글런드' 가 상품 구성을 무조건 다르게 가져갔기 때문에 성공할 수 있었던 것은 아니다. 기존 옷가게 주인들이 그 같은 상품 구성을 한 것은 그럴만한 이유가 있었을 것이다. 학교 앞을 오가는 대다수의 이대생들은 실은 '통학 중' 인 학생들이다. 따라서 통학 때 입을 만한 옷을 살 것이라는 게 이대 앞 기존 가게 주인들의 생각이었다. 어찌 보면 당연하고 합리적인 생각이었다. 만약 그것을 자기가 바꾸고 싶다면 그에 걸맞는 이유를 찾아내야 할 것이다.

잉글런드가 기존 옷가게와 다른 상품 구성을 해야겠다고 생각한 이유는 바로 타깃 고객층이 기존 옷가게의 고객과는 달라야 한다고 생각했기 때문이다. 그래서 새로운 고객층을 염두에 두면서 이에 맞는 새로운 상품 구성이 필요했다. 그 결과가 바로 진열 상품의 차별화였던 것. 박 회장이 당시 잉글런드의 진열대에 원색의 옷을 배치한 것은 기숙사 거주 학생들을 타깃으로 삼았기 때문이었다. 기숙사에 사는 지방 출신 여대생들이 평상복으로 입을 만한 옷을 팔기로 한 것이다. 이들은 그 누구보다 패션 욕구가 강하지만 스스로 동대문 시장이나 남대문 시장을 헤집고 다닐 만큼 서울 생활에 익숙지 않다. 따라서 박 회장은 동대문 남대문에서 쓸만한 옷을 찍어 오면 팔릴 것이란 생각을 하게 됐다.

따지고 보면 학교 주변에서 가장 오랜 시간을 보내는 이들은 통학하는 서울 출신 학생들이 아니라 기숙사 거주 학생들이다. 통학하는 학생들은 아침저녁으로 그저 지나다니기만 하지만 기숙사생들은 학교에서 먹고 자면서 생활을 한다. 다시 말해 학교가 교육의 장이자, 생활의 터전인 셈이다. 그러다 보니 자연히 소비생활도 학교 주변에서 다 해결할 수밖에 없다. 이때 쇼핑할 옷도 당연히 학교 주변에서 살 수밖에 없는 것이다. 이런 점에 착안한 '잉글런드'는 이대 기숙사 학생들로부터 선풍적인 인기를 끌었다. 빨간색 같은 원색 계열의 옷을 싼 값에 팔아 손님을 끌었고 친절한 서비스로 찾아오는 이들을 단골로 만들었다.

에코마트, 사치품을 1000원에

초창기의 일 뿐만이 아니다. 이랜드가 걸어온 길을 보면 '다르게 생각한' 덕분에 성공한 사례는 일일이 헤아릴 수 없을 정도로 많다. 이번에는 가장 최근의 성공 사례에서 다르게 생각하는 법을 배워보자. 바로 일본계 D社가 장악하고 있던 1000원숍 분야에서 상품 차별화로 성공 신화를 쓴 '에코마트'를 대표적인 모델로 소개하려 한다.

이랜드 그룹의 1000원숍으로 2006년 론칭한 '에코마트'는 문을 연 지 두 달 만에 매장 한 곳에서만 한 달 평균 1억 원의 매출을 올리는 돌풍을 일으켰다. 말이 쉬워 한 달에 1억이지 하루 평균 1000원짜리 상품을 3300여 개, 한 달이면 10만 개를 팔아치워야 벌 수 있는 돈이다. 더구나 평균 15평 남짓한 매장에서 저가 용품만 팔아서 올린 매출이기에 그 의미는 더욱 각별하다.

에코마트는 조화나 꽃병 등 홈데코 상품과 주방, 완구, 팬시 등 1000여 개 품목을 1000원 균일가에 판매하는 생활용품 전문점이다. 원래 1000원숍 시장은 일본계 체인점이 장악하고 있는 분야였다. 이들 1000원숍의 기본 컨셉은 일본 100엔숍이 그렇듯 '생필품을 싸게 판다'는 것이다. 즉 1000원이면 살 수 있는 것을 더 내고 살지 말자는 게 기존 1000원숍이 소비자에게 파고 든 마케팅 포인트다. 일반 대형마트에서 사야 할 물품들을 이곳에 오면 조금 더 싸게 살 수 있다는 게 알려지면서 고객들이 몰려들었다.

일본계 D社의 매장은 딱 봐서도 생필품의 전시장이다. 손톱깎이, 방향제 등 간단한 생활소품에서부터 세제, 비누, 치약, 화장품 심지어는 과자까지 정말 살면서 요긴할 만한 물품이라면 없는 게 없을 정도다. D社는 자칫 물품 값에 전가되기 마련인 인테리어비를 줄이기 위해 매장 꾸밈새엔 투자를 최소화했다. 오로지 싼값으로만 승부를 봤다. 가끔씩은 일반 대형마트 유통 브랜드의 땡처리 물량을 받아 1000원 균일가에 판매해 대박을 터트리기도 했다.

이와는 달리 에코마트는 1000원숍 답지 않게 '사치품' 일색이었다. 여기서 유리병에 채소와 곡식 모형을 넣어 장식한 소품이라든가, 그다지 실용적일 것 같지 않은 '패브릭 바구니', 1000원이라는 가격과는 어울리지 않는 '프로방스(자연의 모습을 살린 전원풍)' 스타일의 디자인 소품들. 다만 가격만은 1000원에 맞췄다.

이랜드식 '다르게 생각하기'는 바로 '생필품을 1000원에'가 아니라 '사치품을 1000원'에 판다는 발상이었다. 에코마트에서 고객들은 1000원으로 가장 값싼 사치를 부릴 수 있었다. 매장 분위기를 최대한 고급화하고, 취급 물품은 다른 대형마트에서 찾아 볼 수 없는 것만으로 채웠다. 대형마트와 상품 구성을 겹치게 한 뒤 저가로 겨루는 기존 1000원숍의 방식이 아니라 다른 곳에서 구하기 힘든 생활소품을 모아 판매하는 '이랜드 웨이'를 이 분야에서 개척한 것이다.

제품 값은 쌌지만 결코 고객들은 에코마트 상품들을 '비지떡'으로 보지 않았다. 여성들의 감수성을 자극하면서도 백화점처럼 비싸지 않고 손쉽게 사들일 수 있는 제품들로 승부했다. 길거리 1000원숍으로 출발한 에코마트는 현재 2001아울렛, 뉴코아 등 이랜드 계열의 유통업체에도 입점해 할인점에 고급 이미지를 불어 넣는데 한 몫을 톡톡히 하고 있다. 1000원숍 답지 않은 임무다.

이랜드의 에코마트 사업은 경기의 부침(浮沈)이 심해지면서 더욱 사업성이 있음이 검증됐다. 마케팅 전문가들은 1000원숍의 성격을 '불경기형'이라고 분석하고 있다. 생활에 꼭 필요하기에 어디서든 사야 하는 제품의 가격 거품을 빼 지갑이 얇아진 소비자들의 마음을 잡았기 때문이다. 다만 이 같은 일반적인 1000원숍의 약점은 경기가 풀리면 손님의 발길이 끊긴다는 점이다. 실제 2007년 하반기에 접어들면서 경기가 다소 풀리자 D社를 비롯한 대부분의 1000원숍들이 30%씩 매출이 줄어드는 어려움을 겪었다.

하지만 '사치품을 1000원에'를 표방한 에코마트의 성장세는 좀처럼 꺾이지 않고 있다. 에코마트 브랜드로 알토란 같은 매장을 여럿 키워 낸 김종승 브랜드장은 "당시만 해도 1000원숍의 인기를 경기불황과 연결시키는 시각이 대부분이었지만 이랜드였기에 조금 다르게 생각했다."며 "1000원짜리기에 더욱 특별해야 팔릴 것이라고 생각하고 제품에 저렴한 가격 이외에 다른 장점들을 가미하기 위해 노력했다."고 말했다.

'다르고자 하는 의지'를 가져라

보통 이랜드가 다른 기업과 다른 이유를 기독교적 색채를 띠는 독특한 기업문화 때문이라고 생각하는 사람들이 많다. 하지만 이는 이랜드를 너무 단편적으로만 본 분석일 뿐이다. 김종승 브랜드장의 말처럼 이랜드 직원들은 일종의 '다르고자 하는 의지'를 갖고 있다. 어쩔 땐 이런 생각이 너무 강해서 일종의 집착으로 보일 정도다. 그럼에도 불구하고 이랜드의 방식이 '무조건 다르기만 하면 된다'는 극단으로 치닫지 않는 까닭은 이랜드 스피릿의 또 다른 항목 중 하나인

'상인 정신'이 이를 보완하고 있기 때문이다. 다르되 그 방향은 일관되게 '시장(market)'을 향하고 있다는 얘기다.

이랜드 문화 속에서 다르고자 하는 의지가 핵심을 차지하게 된 주된 이유는 역시 이랜드가 근본적으로는 기독교적 형제애와 자매애의 토대 위에서 기업을 일궜기 때문이다. 아무래도 종교적 성향이 깔려 있는 기업 문화 속에서 사원들 개개인은 이랜드와 '이랜드 아닌 것'과의 '차이'에 방점을 찍을 수밖에 없었다. 직원 중 절반 이상이 비기독교인으로 채워진 지금에 와서도 이랜드가 강한 내부 결속을 자랑하는 것은 기독교적 신앙심이 희석된 자리에 여전히 '우리는 남들과 다르다'는 동류의식이 밑바탕에 남아 힘을 발휘하고 있기 때문이다.

이랜드 직원 내부 교육 자료에 따르면 '다르게'라는 원칙에는 이제 시간 개념까지 부여돼 있다. 즉 '남들과 다르게'에서 더 나아가 '과거의 관행과는 다르게, 그리고 현재의 것과도 다르게'로 진화한 것이다. 그러면서 방향성도 제시하고 있다. 다르지만 더 낫게, 다른 생각을 신속하게, 남보다 앞서서, 여러 가지 경우를 고려해 남들보다 영리하게 등이 여기에 추가된 개념들이다.

이랜드가 이처럼 '다르게'를 외칠 수밖에 없었던 가장 큰 이유는 '결핍'에 있다. 이랜드의 한 임원은 이랜드의 '다르게 생각하기' 원칙에 대해 이렇게 설명한 바 있다.

"자본과 경험은 값이 비쌉니다. 하지만 다르게 생각하는 것에는 돈이 들지 않습니다. 모든 게 부족한 햇병아리 기업이 가질 수 있는 유일한 자산은 남들과 다르게 생각하는 것뿐이었습니다. 그래서 이랜드는 초창기부터 계절이 바뀌면 신상품 품평회란 걸 엽니다. 이랜드 계열 브랜드의 대리점을 하고자 하는 분들을 모아 놓고 이번 시즌 신상품을 미리 선뵈는 자리죠. 보통 경쟁 브랜드들은 그렇게 하지 못했습니다. 남들이 보고 베낄까 염려해서였어요. 하지만 이랜드는 '카피는 할 수 있지만 이 가격엔 절대 못 내놓을 것' 이란 자신감이 있었습니다. 그래서 대리점 사장들에게 신상품을 자신 있게 공개했습니다. 장사에는 천부적인 감각을 갖고 있는 대리점 사장들은 한눈에 팔릴 옷임을 알아봤죠. 그렇게 하지 않고 대리점만 늘리려 했다면 더 많은 판촉비와 영업 조직이 필요했을 겁니다."

명문대학을 나오지 못한 이랜드 직원들은 회사의 '다르게' 원칙을 학벌 콤플렉스를 극복하는 데 적용하고 있었다. 별다른 재주도 없고 특별히 좋은 학교를 나온 것도 아니어서 끌어 줄 인맥도 없는 단순한 월급쟁이로 이랜드에 첫 발을 디딘 젊은이들은 회사 문화 전반에 깔려 있는 '다르게 생각하는' 전통이 커다란 힘이 돼 줬다고 증언하고 있다.

대전 인근 지방대를 나와 이랜드에서 기획 파트 쪽에 근무하는 C 대리는 필자에게 "이랜드 사람이 된 것만으로 '나는 특별하다'는 인식을 갖게 된다."며 "늘 3류 인생을 살아왔다고 생각하던 나로선 태어나서 처음으로 느껴보는 자신감이었다."며 이랜드 직원으로 생활해 왔던 최근의 직장생활에 감회가 남다른 듯 자랑스럽게 얘기했다. 이랜드는 이처럼 기업과 개인 양쪽 측면에서 자신들의 다소 모자란 부분을 가장 심플한 생존의 방법인 '차이'를 선택하는 것으로 채워 나갔던 것이다.

성공하는 사업을 위한 이랜드 식으로 실천하기 ③

차별화된 이랜드식 창업 전략 : 고객의 입장에서 다르게 대접하라

서울 장충동에 가면 족발집이 널려 있다. 그런데 간판은 너도나도 '원조집'이다. 진짜 원조(元祖)라면 한 곳뿐이어야 하는데 어림잡아도 수십 곳에 이른다. 이런 현상은 족발 골목에서만 일어나는 게 아니다. 신림동 순대, 신당동 떡볶이, 마포 소금구이, 포천 이동갈비, 속초 순두부 등 지역별로 유명한 먹거리엔 너도나도 '원조'가 붙어 있어 누가 진짜 원조인지 잘 구분이 가지 않는다. 여기에 신장개업하는 식당들까지 너도나도 원조집 간판을 내거는 경우까지 있다. 이런 가운데 한 업소가 '원조집만큼 맛있게 하려고 노력하는 집'이라는 소박한 간판을 내걸어 성공을 거뒀다고 한다. '재기발랄한' 차별화 전략으로 살아남은 사례 중 하나다.

이랜드의 모태인 2평반짜리 보세옷 가게 잉글랜드가 선보인 차별화 전략은 오늘날 창업을 준비하는 많은 이들에게 좋은 본보기가 된다. 무조건 '다르게'를 외치는 게 아니라 고객을 이해하고 분석하는 가운데서 차별화 포인트를 찾아냈다는 점에서 그렇다.

외환위기 이후 직장을 잃거나 퇴직하고 창업에 도전하는 이들이 많아졌다. 이 같은 소자본 창업의 대부분은 자영업으로 이어지기 마런이다. 최근 자영업 위기의 가장 큰 요인은 과당경쟁이다. 한 집 건너 같은 업종이 '제살 깎아먹기식' 경쟁을 벌이고 있는 실정이니 소비자 입장에서는 그 집이 그 집 같고, 뭔가 신선한 구매욕을 느끼기 어렵다. 따라서 이제는 신규 사업을 시작하는데 있어서 차별화 전략은 성공을 위한 선택이 아니라 생존을 위한 필수로 바뀐 지 오래다.

차별화는 상품, 가격, 서비스, 인테리어, 판촉 등 다양한 부분에서 시도해 볼 수 있다. 이때 무엇을 '다르게' 할 것인가를 결정하기에 앞서 가장 중요하게 심사숙고해 봐야 할 것이 바로 "나의 고객은 누구인가?"이다. 잠재적인 고객에 대한 파악이 이뤄진 뒤에라야 차별화 포인트를 짚어 낼 수 있다. 평범한 고기 집을 하더라도 고객을 정해 놓고 해야 한다. 그냥 문을 열고 있다가 '들어오는 사람이 고객'이라는 안일한 생각으로는 결코 성공 창업에 이를 수 없다.

쇠고기구이집을 예로 들면 요즘처럼 계층별, 세대별 소비 양극화가 뚜렷한 상황에서 고기 1인분에 8000~9000원 정도의 어중간한 가격을 매겼다가는 실패하기 딱 좋다. 주머니가 가벼운 젊은 층을 타깃으로 하기도 그렇고, 고기의 질을 따지는 중장년층 고객을 만족시키기에는 단가 맞추기가 힘들기 때문이다. 따라서 고기 집으로 승부를 보려면 어느 한 쪽을 집중 공략한 다음 점차 연령을 확대하는 전략을 펴는 것이 좋다.

예를 들어 갈빗살 1인분을 5000~6000원 정도로 싸게 매기고 젊은 층을 끌어들이면서 가볍게 술도 한잔하는 선술집 분위기를 만든 뒤 점차 인근 중장년층까지 붙드는 전략은 어떨까. 아니면 테이블 수를 인근 가게의 반으로 줄이고 테이블마다 칸막이를 쳐서 접대성 모임 장소로 포지셔닝 하는 방법도 있다. 투자를 더 한 만큼 1인분 판매 가격을 훨씬 높게 받을 수 있는 여지가 생긴다.

신규 창업을 하고자 하는 이들은 무조건 눈에 잘 띄는 점포 자리만 고집하는 경향이 있다. 그런 곳일수록 임대료는 비싸기 마련이다. 비싼 임대료를 감수하고 창업을 하면 이익률을 높여야 하기 때문에 실패할 가능성도 그만큼 더 커지게 된다. 따라서 이 경우에도 다르게 생각할 줄 안다면 반대로 큰 길에서 잘 보이지 않아 일반적으로 쉽게 찾아오기 힘든 자리에 위치한 점포에 도전하는 것도 방법이다. 임대료가 저렴해서 목표 매출을 낮게 잡아도 유지가 가능하다면 점포 회전율보다는 재방문율만 관리하면서 장기전을 펼 수 있는 여건이 갖춰지는 셈이다. 몇 안 되는 손님에게 더욱 긴밀하고 친근한 서비스를 베푼다거나, 한번 온 손님을 기억했다가 다시 찾았을 때 알은 척을 해서 친숙한 분위기를 연출하는 등 단골을 만들어 나가는 방법을 쓴다면 나름대로 훌륭한 성과를 올릴 수 있을 것이다.

단골이 생기기 시작하면 잘 보이지 않는 위치에 있다는 것은 이제 더 이상 핸디캡이 아니다. 손님이 알아서 찾아올 것이다. 눈에 잘 띄는 곳에 위치해 어중이 떠중이 손님들이 많이 찾지만 단골을 만들기 어려울 뿐 아니라, 일 매출은 많아도 임대료를 채워 넣기 벅찬 가게보다는 이런 점포가 초보자에게 더 나을 수도 있다.

2 — 청소하는 사장님 —

때는 1990년 겨울. 대학 졸업을 앞둔 한 여대생이 지금의 금천구 가산동 옛 구로공단에 위치해 있던 이랜드 본사 유리문을 밀고 회사 안으로 들어섰다. 이랜드 신입사원 모집 전형에서 서류 심사에 합격해 면접을 보러 온 것이었다. 어딘지 허름해 보이는 회사로비에서는 점퍼 차림의 중년 남성들이 한참 청소를 하고 있는 중이었다. 얼핏 봐서는 청소부 같기도, 다시 보면 경비원 같기도 한 모습이었다.

면접 안내문에 면접 장소는 4층 회의실이라고 나와 있었다. 이랜드 사옥에 처음 와 보니 어디로 가야 할지 몰랐던 그녀는 가장 사람 좋아 보이는 '아저씨'에게 "신입사원 면접장소가 어딘지 아세요?" 라고 물었다. 그러자 아저씨는 "저쪽 계단으로 올라가서 왼쪽 복도를 따라 끝까지 가시면 안내문이 보일 겁니다."라고 친절하게 대답해 줬다고 한다.

몇 시간 뒤 면접장에 들어선 그녀. 앞에 줄지어 앉아 있는 면접관들을 보고서는 아연실색하고 말았다. 아침에 로비 청소를 하던 이들이 그대로 앉아 있는 것이 아닌가. 앞에는 각각 직책과 이름이 적혀 있었고, 한 가운데는 그녀에게 면접장 위치를 알려줬던 그 '아저씨'가 떡하니 버티고 앉아 만면에 가득 웃음을 띠고 있었던 것이다. 바로 박성수 회장(당시 이랜드 대표이사 사장)이었다.

사장부터 말단 직원까지 청소는 내 손으로

이 얘기는 그날 면접시험을 우수한 성적으로 통과하고 지금도 이랜드그룹 인사행정팀장으로 일하고 있는 김지원 차장의 경험담이다. 남녀차별이 덜하다는 얘기를 듣고 이랜드에 지원한 김 차장은 면접 시험을 위해 회사를 찾은 첫날부터 점퍼 차림으로 손수 청소를 하고 있는 사장님을 보게 됐다. 물론 면접장에서 마주치고서야 알게 된 일이지만 직접 로비를 청소하는 이랜드 윗분들의 솔선수범에 큰 감명을 받았다고 한다.

물론 사장을 비롯한 임원들이 매일 로비를 청소하는 것은 아니다. 그날은 신입사원 면접이 있는 날이어서 귀한 손님을 맞는 심정으로 사장을 비롯한 임원진이 손수 빗자루를 들고 회사의 첫 출입구인 로비 청소에 나선 것이었다는 후문이다. 항상 '아침형 인간'을 넘어 '새벽형 인간'이 되라고 직원들에게 강조해 왔던 박 회장의 눈에 청소도 덜 끝난 회사에 면접자 중 가장 먼저 도착한 최 과장이 눈에 확 들어온 것도 당연한 일이었을 게다.

이랜드에선 사장님이 직접 자기 방을 청소하는 것쯤은 그리 놀랄 일도 아니다. 이랜드 그룹은 대형 유통매장을 제외한 사무 공간, 직영 영업점 등은 직원들 스스로 청소를 하고 있다. 자기가 생활하는 공간은 자신이 깨끗하게 정리 정돈하는 건 이랜드 직원들에겐 아주 자연스러운 일이다.

물론 회사가 커지고 직원들의 업무가 세분화·전문화되면서 페인트 칠이나 왁싱 작업 등 전문적 기술을 요하는 부분이나 화장실 청소 등 수시로 해줘야 하는 곳은 각각 전담 직원이 생기거나 외부 용역을 맡기고 있다. 하지만 사무실이나 계단, 복도 등 공용공간은 지금도 담당구역을 정해 매일 아침 직원들이 손수 청소를 하고 있다. 가끔씩은 '오른손이 하는 일을 왼손이 모르게 하라' 는 성경의 가르침을 따라 남 몰래 화장실 청소까지 도맡아 하는 직원들도 꽤 남아 있다.

직원들에게 청소와 정리 정돈을 강조하는 전통은 1980년대 중반 이랜드 전 직원이 10명 남짓이었던 시절부터 시작된 것이다. 이랜드 스피릿 중에 '정돈·청결·위생' 이라는 항목이 들어 있을 정도다. 경영 이념이라고 하기엔 다소 생경한 항목이다. 그래도 이 항목이 엄연히 이랜드 스피릿의 주요 항목을 차지할 만큼 이랜드 사람들에게 업무 중의 정리 정돈은 중요한 이랜드 정신 중 하나이다. 이 항목이 직원들의 마음을 다잡게 하는 경영진의 하나의 훈련쯤으로 생각한다면 아직 이랜드의 성공 비결을 제대로 이해하지 못했다는 뜻이다.

정리 정돈은 이랜드맨의 일상

'정돈 · 청결 · 위생'은 일반인들이 보면 '뭘 그런 걸 다 경영이념이라고 했냐? 며 실소를 금치 못하게 하겠지만 이 정신이 생겨난 배경을 알게 되면 '아하, 그런 사연이 있었구나' 하고 자연히 고개를 끄덕이게 될 요인이 감춰져 있다. 이 정신은 그들을 시장에서 살아남게 한 중요한 요소가 됐다. 이 정신이 갖는 의미를 제대로 알려면 그 이면을 봐야 한다. 다시 말하자면 이랜드맨들이 '왜 정돈을, 왜 청결을, 왜 위생을 부르짖게 됐을까?' 라고 뒤집어 생각해 봐야 한다는 얘기다.

먼저 '정돈'에 대해서 생각해 보자. 이랜드의 기업문화는 초기에 뭐가 별로 갖춰지지 않은 상태에서 일단 시작하는 것에 너무 익숙하다. 이랜드맨들은 계획이 채 완성되기도 전에 일단 시작하고 본다. 미비한 점은 시행착오를 겪으면서 고쳐나간다. 그러다 보니 진행 과정에서 생겨나는 모든 것이 '정돈'의 대상이다.

1980년대 중반 대리점 수가 쑥쑥 늘면서 회사가 하루가 다르게 뻗어 나가자 이랜드는 책상도 사무실도 턱없이 부족한 상태에서 무조건 직원부터 뽑았다. 당시 회사는 늘어나는 사업 확장에 대처하느라 모든 업무를 현장 중심으로 처리했다. 사무실이 턱없이 비좁은 상황이다 보니 자리가 없는 직원은 나가서 일하게 했고, 들어오면 아무 책상에나 앉아서 일했다. 한 직원이 자리를 비우고 나면 또 다른 직원이 그 책상에서 일하는 일이 다반사였다. 사정이 이렇다 보니 만약 이 과정에서 자신의 업무를 챙기고 업무관련 사물을 정리하지 않으면 우선 자신부터 피해가 갈 게 뻔했다. 당시에는 정돈이 잘 되지 못해서 생기는 업무상의 착오가 하루에도 몇 번씩 생기곤 했다. 회사가 서류가 뒤죽박죽 섞이고 개인 사물이 없어지고 하는 통에 직원들이 정작 업무에는 집중할 수 없었다. 이때부터 직원들 사이에서 자신의 업무는 물론이고 사무실의 효율적인 운영을 위해 스스로 정리 정돈하는 습관이 몸에 배게 되었다. 자신에게 닥친 열악한 환경을 자기발전의 토대로 삼은 이랜드맨들의 또 하나의 남다른 사고가 만들어낸 훌륭한 성과가 아닐 수 없다. 이때의 전통이 계속해서 이어져 모든 자료의 파일화, 색인 작업, 잊을지 모르는 메모는 아예 외우기 등이 이랜드맨들의 일상이 됐다.

청결과 위생도 마찬가지다. 헌트, 브렌따노 등 초기 이랜드 브랜드들은 워낙 제품 값이 싸서 물건을 팔아서 남기는 게 아니라 회사 비용을 아껴서 남기는 수익구조를 갖고 있었다. 박 회장은 "돈을 버는 방법은 두 가지인데 하나는 매출을 올리는 것이고, 다른 하나는 절약을 하는 것"이라고 강조해 왔다. 이런 분위기 속에서 청소부를 따로 둔다는 것은 이랜드의 현실에서 꿈도 못 꿀 일이었다. 앞서 본 것처럼 이랜드는 임원진부터 솔선수범해서 전 직원이 당번을 정해 돌아가며 청소를 했다. 아침에 모든 직원의 책상을 걸레로 닦아주는 '사환' 같은 건 이랜드엔 처음부터 존재하지도 않았다.

필요가 찰 때까지

이처럼 '정돈·청결·위생'의 정신은 또 다른 이랜드 스피릿인 '절약정신' 과도 연결된다. 정통 이랜드맨들이 입버릇처럼 달고 다니는 말이 있다. '필요가 찰 때까지' 가 바로 그것이다. 이랜드 교육자료에 따르면 이 말은 이랜드 스피릿의 절약정신 항목에서 부수적 개념으로 거론되고 있다. '필요가 찰 때까지' 란 현재 주어진 자원을 가지고 일을 하기에는 더 이상 버틸 수 없을 때까지라는 말이다. 그때까지는 최대한 지금 갖고 있는 것을 가지고 일단 하고 본다는 이랜드만의 정신이다. 여기서 바로 '정돈·청결·위생' 의 정신은 그 같은 '필요' 가 생겨나는 시점을 조금이나마 뒤로 미뤄 주는 역할을 한다.

이런 과정을 최신 경영학 이론에 대입해 본다면 '전사적 자원 관리(CRM)' 의 원형쯤으로 해석할 수 있겠다. 이랜드는 이를 간결하고 이해하기 쉬운 한마디로 정리해 직원들의 의식 속에 각인해 넣은 것이다. 여기서 필요에 찰 때까지 최대한 활용하는 주어진 자원이란 비단 책상 등 비품을 얘기하는 것만은 아니다. 원자재, 공장설비, 자본 등의 유형 자산에서 '브랜드' 라는 무형의 자산에 이르기까지 이 같은 원칙이 닿는 곳은 끝이 없다.

이랜드 직원들이 청교도와도 같은 근검절약을 몸으로 실천한 사례는 일일이 다 열거할 수 없을 만큼 다양한 분야에 걸쳐 무수히 많다. 우선 이랜드맨들은 다른 기업 직원들에 비해 출장비를 매우 적게 사용하는 것으로 알려져 있다. 2005년에 한 대형마트에서 패션 자체 상품(PB)을 강화하면서 이랜드 출신들을 적지 않게 스카우트해 간 적이 있다. 그로부터 몇 달이 흐른 뒤 대형마트의 한 간부직원은 필자에게 "이랜드에서 건너 온 직원들이 출장을 다녀와서는 회사가 지급한 여비의 일부를 반납하는 것을 보고 깜짝 놀랐다."고 전했다. 이랜드 출신 직원들이 절약하고 아끼는 태도가 몸에 밴 나머지 후한 여비를 받고도 다 쓸 줄을 몰랐다는 얘기다.

이랜드는 이제 2010년께 연매출 10조를 목표로 하는 대기업에 속한다. 그럼에도 불구하고 번듯한 사옥 하나 없다. 현재 쓰고 있는 마포구 창전동 본사도 학교로 쓰던 건물을 싸게 사들여 조금씩 고쳐 가며 이용하고 있다. 언젠가 한 번 이랜드 임원에게 "좁아 보이는데 새 사옥 계획은 없느냐?"고 물었더니 그는 "국제상사를 M&A하게 되면 국제빌딩을 사옥으로 쓰려 한다."고 답했다. 몇 년 전 국제상사를 M&A하기 위해 E1과 치열한 각축전을 벌였던 이랜드는 결국 인수합병에 실패해 E1에게 국제상사가 넘어가게 되었다. 필자는 이 일련의 사태를 지켜보면서 '이랜드가 아무리 성장해도 '사옥 신축' 이라는 말은 당분간 없겠구나' 라는 생각에 웃음을 지은 적이 있었다.

건물뿐만이 아니다. 대부분의 설비와 집기도 웬만한 건 중고품을 이용한다. 여기에 선봉은 역시 박성수 회장이다. 박 회장은 지금도 중고 '카니발'을 타고 다닌다. 이랜드의 필요가 찰 때까지 정신에 관한 유명한 일화로 엘리베이터 수리 사건이 있다. 이랜드가 창전동 사옥을 매입한 뒤 엘리베이터 내부를 새로 도색하려 했더니 견적이

120만원 나오더란다. 그때 직원들은 '뭐 이런 거 하나 칠하는 데 그렇게 많은 돈이 드냐' 며 즉석으로 합의를 봐 직접 페인트와 기타 재료를 구입해 전 직원이 달려들어 하루만에 뚝딱 칠해버렸다고 한다. 물론 비용은 용역업체의 예상액의 10분의 1에 불과한 21만원에 끝마칠 수 있었다. 그리고 기분 좋게 사장님과 함께 남은 돈으로 푸짐하게 회식을 했다는 것이다. 이 일화는 이랜드의 절약정신이 얼마나 철저했는지를 상징하는 유명한 일화가 아닐 수 없다. 그때 칠한 페인트는 나중에 엘리베이터에 목재 내장재를 덧붙이면서 이제 더는 볼 수 없지만 그 아래 깔려 있는 '없이도 해내는 정신' 만은 직원들 사이에 오롯이 남아 기업을 키워나가는 원동력이 되고 있다.

성공하는 사업을 위한 이랜드 식으로 실천하기 ④

정리 정돈으로 업무 능률 올리기

이랜드맨들의 정리 정돈하는 습관과 필요가 찰 때까지 아끼는 습관은 이미 유통업계나 중저가의류업계의 알 만한 사람들은 다 아는 상식적인 얘기가 되었다.

아껴서 나쁠 게 없고, 잘 정돈된 사무실에서는 업무도 훨씬 능률적으로 되는 법. 무엇보다도 나보다 동료 직원을 위해서 자신의 비품을 정리하고 정돈하는 습관이 몸에 밴 이랜드맨들의 정리 정돈 습관은 성공하는 비즈니스맨으로 발전하기 위해서 꼭 한번 되새겨볼 만한 좋은 업무 습관이다.

2007년 말 한 온라인 취업사이트가 리서치 전문기관에 의뢰해 직장인 1450명을 대상으로 '직장과 관련해 대충 처리하는 업무가 무엇인가'를 설문조사했다. 직장인들이 가장 대충 처리하는 일은 무엇이었을까. 복수응답을 전제로 '시시콜콜한 상사 질문에 대해 대충 대답한다(38.0%)'고 응답한 이가 제일 많았고, 그 다음이 '정리 정돈'(34.9%)이었다. '식사(30.7%)'를 대충 때운다는 불쌍한 직장인도 많았고 '이메일이나 공지사항 확인(27.8%)' 역시 대강대강 하는 일로 꼽혔다.

사실 상사의 물음에 대한 대답을 건성으로 하다가 찍혔을 때는 회사를 그만두고 다른 데로 옮기면 그만이다. 하지만 정리 정돈을 잘 하지 못해 업무의 능률이 떨어지는 것은 두고두고 자신의 성공을 가로막는 요인이 된다. 일본의 풍수전문가 리노이에 유치쿠(李家幽竹) 씨가 쓴 「행운을 부르는 습관」이라는 책이 있다. 일종의 '비즈니스 풍수서'인 이 책에서 저자는 "주위를 잘 정비해야 행운이 찾아온다."고 역설한다. 저자는 "무엇보다 사무실, 책상 등 주변을 깨끗하게 정리하라."고 강조해 말한다.

지금 되는 일이 없다고 생각된다면 자신이 업무를 보는 책상 주위를 살펴보자. 불필요하게 갖고 있는 서류는 없는지, 쓸데없는 물건을 언젠가 요긴하게 쓰일지 모른다며 끼고 살지는 않는지 둘러보는 것은 어떨까. 정리 정돈은 당장 쓰지 않는 물건을 모두 쓰레기통으로 직행시키는 것에서부터 시작한다. 그런 다음 비워진 공간을 걸레를 들고 깨끗이 닦는다.

청소가 모두 끝났으면 본격적으로 책상에 남은 물건들을 가지런히 놓는 작업에 착수해야 한다. 하지만 정리에도 순서가 있고 정돈에도 원칙이 있는 법. 여기 이랜드 채용팀의 윤성대 주임으로부터 전수받은 이랜드식 책상 정리의 비법을 소개한다.

우선 책상 앞에 앉았을 때를 기준으로 자신의 몸 오른쪽 앞부분은 항상 비워두어야 한다. 컴퓨터를 보면서 하는 일이 많다면 이 지점에 마우스가 놓여 있는데 마우스 바로 옆의 폭 15cm 정도의 공간을 여유롭게 남겨 두는 것이 좋다. 수첩이나 업무 지침서, 사전, 급한 결재 서류 등 지금 당장 봐야 할 무언가를 펼칠 만한 자리를 확보하라는 얘기다.

왼손 앞쪽엔 적어도 오늘 하루는 지속적으로 써야 할 물건을 놓아 둔다. 항상 제자리에 놓아야 한다며 같은 바인더를 자꾸 꺼냈다 집어 넣다 하지 말고 왼쪽에 배치하라는 얘기다. 하지만 주의할 점은 하루 일과를 마쳤을 땐 반드시 제자리를 찾아 넣어야 한다는 것이다. 그렇지 않으면 나중에 그 물건(또는 서류뭉치, 책 등등)이 돌아갈 보금자리가 없어질 우려도 있고, 그 다음날 꺼낸 물건이 밑으로 밑으로 계속 쌓여만 가서 걷잡을 수 없는 상태로 바뀔지 모른다.

책상 전면을 이렇게 구성했다면 이제는 깊숙한 쪽의 배치법을 알아보자. 우선 왼쪽 구석엔 이미 사용한 물건(또는 자료) 중 일주일 내에 다시 꺼낼 가능성이 있는 물건 또는 자료를 둔다. 가운데는 업무상 늘 쓰게 되는 도구를 두기에 적합하다. 오른쪽은 최소한 일주일에 한 번씩은 주기적으로 쓰거나 꺼내 보는 물건과 자료를 놓는다. 이 모든 조건에 들지 않는 책, 자료, 물건 등은 서랍이나 별도 캐비닛, 책장 등으로 옮긴다.

책상 서랍은 상단에서부터 아래로 내려갈수록 사용빈도가 낮은 물건을 넣는 게 원칙이지만 이를 무시하고 크기가 작은 물건을 위에, 큰 물건을 아래쪽 서랍에 보관하는 것도 업무 능률을 높이기 위한 좋은 방법이다.

책상 정리 정돈의 주기는 한 달을 넘기지 말아야 한다. 책상 깊은 곳의 오른쪽에 배치된 물건 및 자료 중 일주일 동안 한 번도 쓰지 않은 물건은 우선 왼쪽으로 옮겨 둔다. 그리고도 일주일 동안 한 번도 손이 가지 않았으면 밖으로 드러나 보이는 책장으로, 그 뒤 6개월 이상 한 번도 꺼내지 않았다면 문짝이 달린 캐비닛으로 옮기는 게 원칙이다.

  이런 식으로 정리 정돈을 지속적으로 해주면 업무에 대한 집중력이 높아지고, 자료 관리와 시간 활용에도 큰 도움이 된다. 그렇다고 과욕을 부리면 안 된다. 완벽하게 정리 정돈의 원칙에 맞게 정확한 물품 분류를 하려고 애쓰다 보면 그 자체가 스트레스가 될 수 있다. 일을 효율적으로 하기 위해 시작한 일이 너무 욕심을 부려서 괜히 힘만 빼고 마는 경우가 될 수 있기 때문이다. 따라서 가장 좋은 정리 정돈법은 자신의 필요에 맞는 가장 효율적인 방법을 찾아서 차근차근 어느 정도 시간을 두고 정리하는 것이 현명한 방법이다.

3
─ 교복 입은 이랜드맨 ─

　다른 회사에서는 정말 보기 어려운 이랜드만의 개성 있는 문화는 바로 이랜드맨들이 착용하는 독특한 유니폼 문화이다.
　패션업계 사람들은 오래 전부터 '이랜드맨은 모범생 스타일' 이라는 일종의 고정관념을 갖고 있다. 이것은 이랜드 초창기 직원들이 '블레이저' 로 불리는 모범생 스타일의 정장을 유니폼처럼 입고 다녔기 때문이다.
　블레이저라는 명칭은 '영국 해군 유니폼과 비슷하다' 고 해서 붙여진 이름이다. 이 유니폼은 이랜드맨들을 어딘지 모르게 반듯하고 세련된 모범생처럼 보이도록 해주는 역할을 한다. 감색 양복에 안감은 빨간색이고 금장 단추가 달려 있다. 가슴팍에 이랜드 휘장을 붙이거나 윗주머니에 손수건을 꽂는 게 원칙이다. 1990년대 초반에는 사무실에서 근무하는 관리직 사원 모두가 회사로부터 이 옷을 한 벌씩 지급 받아 이 옷을 입고 출근했다고 한다. 현재는 직원 수가 많이 늘면서 시무식, 종무식, 승진식, 각종 회의 등 공식 행사 때나 회사일로 해외 출장을 갈 때에 한해 입도록 돼 있다.

교복을 입고 머리에 무스를 발라 넘긴 모범생들

신세계 최초의 여성 임원(오너 일가 제외)이기도 한 권오향 신세계 이마트 패션디자인실 상무는 2003년 이랜드 그룹에 편입된 패션업체 데코의 디자인실장이었다. 권 상무는 처음 데코를 실사하기 위해 건너온 이랜드 쪽 사람들에 대한 첫 인상을 다음과 같이 말했다.

"어느 날 갑자기 영국 사립학교 교복처럼 생긴 정장을 똑같이 입고, 머리에 무스를 발라 넘긴 일군의 모범생들이 나타났다. 당시 데코는 패션회사다보니 기존 직원들이 모두 개성이 강하고 저마다 튀는 옷차림을 즐겨 입었다. 그런데 이랜드에서 넘어온 사람들은 정반대여서 어떻게 같은 패션업종의 사람들인데 이렇게 다를 수 있나 하는 생각이 들었다."

이랜드가 이처럼 '교복' 입는 회사가 된 것은 "어떤 옷차림을 하느냐에 따라 그 사람의 생각과 행동이 바뀐다."는 생각 때문이다. 블레이저는 1990년 박성수 이랜드 회장이 남녀 전 직원에게 한 벌씩 나눠

준 것을 계기로 회사 유니폼이 됐다. 물론 사규로 이를 강제하는 규정은 없다. 하지만 정통 이랜드맨들은 일상생활 때도 이 블레이저를 즐겨 입는다. 특히 유통 계열사(2001아울렛 등)에 근무하는 관리직 사원들은 매장 유니폼처럼 이 옷을 착용한다.

남성용 블레이저는 신사복 사업부의 '써헌트'라는 브랜드에서 처음 만들었다. 여성용은 여성복 사업부의 '제롤라모'에서 제작했다. 현재는 '켄싱턴'이라는 신사 정장 브랜드에서 블레이저 생산과 내부 판매를 전담하고 있다. 사실 켄싱턴의 매장은 이랜드 창전동 본사와 가산동 사옥 딱 두 곳에만 존재한다. 처음 론칭 당시 계획은 그렇지 않았는지 모르지만 워낙 빠르게 직원 수가 늘다보니 블레이저를 그룹 내부에 생산/공급하는 것만으로도 어엿한 독립 브랜드로 자리잡게 됐다.

블레이저는 싱글 쓰리(3) 버튼 스타일과 더블 식스(6) 버튼 두 가지 종류로 나온다. 직원들은 정가 27만원짜리 블레이저 정장 한 벌을 10만원에 구입할 수 있다. 물론 여성의 경우엔 같은 스타일의 상의에 하의는 치마와 바지 중 하나를 선택할 수 있다.

M&A로 다양해진 그룹 구성원에 동질감 부여

이랜드 본사가 있는 서울 신촌 인근의 창전동이나 가산동 사옥 근처에선 이 블레이저를 입은 이랜드맨을 쉽게 볼 수 있다. 회사에 공식 행사가 있기라도 한 날 저녁이면 교복처럼 생긴 정장을 입고 줄지어 퇴근하는 이랜드맨의 행렬이 큰 구경거리가 되기도 한다.

이랜드의 블레이저는 정통 비지니스 정장이면서도 다양한 셔츠나 바지를 매치하면 훌륭한 캐주얼 차림으로 연출할 수 있다. 이랜드 직원들 사이에선 블레이저가 많은 옷을 갖추지 않아도 다양한 분위기 연출이 가능해서 좋다는 의견이 많다. 사장단 등 고위직으로 갈수록 이를 공식행사 뿐 아니라 평상시 정장으로도 즐겨 입는다.

이랜드 그룹측은 EnC 등 여성복 브랜드로 유명한 네티션닷컴을 인수한 뒤 본사 직원 출입구 앞에 블레이저 샘플을 입은 마네킹을 세워 놨다. 당시 네티션닷컴 소속 직원들은 이것을 "이제 너희는 이랜드맨이 돼야 한다."는 그룹 차원의 무언의 압박으로 느꼈다고 전했다.

하지만 이랜드는 급하게 복식 문화를 강요하진 않는다. 기존의 회사에서 이랜드로 인수돼 이랜드 가족이 된 회사에선 직원들에게 공식행사 때도 블레이저 착용을 의무화 하지는 않는다. 단지 공식 행사 참여 복장을 '블레이저 또는 정장' 으로 명시하는 정도다.

다만 유통계열사 직원들은 복장 규정이 조금 더 엄격한 편이다. 유통업체는 특유의 일사불란하고 조직화된 회사 규범이 각 매장 직원이나 실무 담당자에게 꼭 필요한 요소이다. 따라서 블레이저 착용을 통해 자연스럽게 직원들 스스로가 한솥밥을 먹는 한 회사 직원이라는 소속감과 일체감을 느낄 수 있게 해준다.

2003년 이랜드계열로 편입된 뉴코아의 일반 직원들은 지금도 자율적으로 블레이저를 입고 있다. 하지만 블레이저 구입율은 80%에 이르는 것으로 알려졌다. 이는 합병 3~4년 새 뉴코아가 거의 이랜드화(化)됐다는 얘기도 된다. 즉 블레이저는 인수 합병으로 몸집이 불어난 이랜드 그룹에 있어 피인수회사들을 상대로 이랜드 문화를 전파해 하나로 결속시키는 첨병 역할을 톡톡히 하고 있는 것이다.

옷차림만큼 생각과 행동도 바르게

이같이 단정한 옷차림 속에 담으려 했던 이랜드의 정신은 무엇이었을까. 2평짜리 보세 의류 가게 시절 생겨난 이랜드의 경영이념은 다음 4가지로 요약된다. 첫째, 기업은 이익을 내야 하며 그 이익을 바르게 사용해야 한다. 둘째, 기업은 이익을 내는 과정에서 정직해야 한다. 셋째, 직장은 인생의 학교이어야 한다. 넷째, 기업은 고객을 위해 운영돼야 한다.

이 중 유니폼 문화가 상징하는 경영 이념은 두 번째와 세 번째라 할 수 있다. 그룹의 모태인 패션 부문과 지금은 또 다른 축으로 부상한 유통 부문 모두 협력회사와의 관계가 매우 중요한 사업이다. 이때 기업 이념으로 강조되는 '정직'은 이들 협력회사와의 신뢰를 쌓는 데 음으로 양으로 도움이 된다.

먼저 패션 부문을 보자. 이랜드의 패션 부문은 사내에 핵심 인력이 기획과 디자인을 맡고, 외부 소싱을 통해 제품을 조달한 뒤, 전국적으로 탄탄한 유통망을 구축해 놓은 프랜차이즈 매장을 통해 판매하는 사업 구조를 갖고 있다. 2001아울렛 등 자체 유통시설의 비중을 점차 늘려나가고 있기는 하지만 여전히 주된 부분은 대리점 판매다. 그런데 주요 상권의 대리점은 적정마진이 보장되지 않으면 금방 다른 브랜드로 떠나 버린다. 아무리 기획과 디자인이 좋아도 단가를 합리적인 수준까지 낮추지 못하면 판매 기반을 잃는다는 얘기다.

이랜드 의류 판매가 대리점 판매에 치중하고 있는 상태에서 협력업체를 관리하는 직원이 단가를 조금 후하게 쳐주고 협력업체로부터 뒷돈을 챙기기 시작한다면 어떻게 될까? 가치 있는 옷을 염가에 제공한다는 이랜드의 사업 방식은 보기 좋게 밑에서부터 무너지게 될 것이다. 또는 너무 협력업체를 쥐어짜서 넌더리가 나게 해 생산력이 좋은 업체가 이랜드 생산 라인에서 이탈하게 되도 결과는 이랜드의 판매 기반을 뿌리에서부터 흔드는 곤란한 경우가 될 것이다. 이랜드는 이 두 가지 행위를 "고객에게 돌아갈 이익을 가로채는 행위로 결국은 회사를 망하게 하는 요인"으로 규정하고 있다.

다시 말해 블레이저 스타일의 깔끔한 복장은 직원들에게 이러한 기업 이념을 늘 상기시키는 역할을 하게 된다. 단정한 '교복'을 입고 거래처로부터 뒷돈을 챙긴다거나, 모범생 머리를 하고서 횡포를 일삼는 이랜드 직원을 쉽게 상상할 수 없다는 게 의류 OEM(주문자상표부착생산) 업체들의 대체적인 평가다.

이랜드 직원들이 이른바 '교복'을 입는 이유는 생각보다 단순하다고 말하는 이도 있다. 이랜드맨들은 직장을 '인생의 학교'라고 생각한다. 이랜드 경영 이념에도 이 같은 내용이 들어 있다. 이랜드가 지식 경영에서도 다른 기업을 선도할 수 있었던 것은 이처럼 직장을 인생의 학교로 생각하고 교복을 입는 것을 마다치 않는 이랜드만의 독특한 기업 문화가 있었기 때문에 가능한 일일 것이다.

이랜드의 비전과 경영목표

다음은 이랜드 그룹이 사원들에게 배포하고 있는 교육 교재 중 '비전과 경영목표'를 설명하고 있는 내용이다.

우리에겐 꿈이 있습니다. 그 꿈은 바로 이랜드가 아름다움과 건강한 휴식을 제공하는 전 산업분야에 진출함으로써 국민에게 유익한 기업으로 성장하는 것입니다. 이러한 우리의 꿈은 네 가지 경영 이념에 잘 나타나 있습니다. 그것은 첫째, 기업은 반드시 이익을 내야 하고 그 이익은 바르게 사용되어져야 한다. 둘째, 이익을 내는 과정이 정직해야 한다. 셋째, 직장은 인생의 학교이어야 한다. 넷째, 소비자를 위해 운영되어야 한다는 것입니다.

먼저, '기업은 반드시 이익을 내야 하고, 그 이익은 바르게 사용되어져야 한다'는 첫 번째 경영 이념에 대해 소개하겠습니다. 기업은 소속되어 있는 직원의 생계와 기업에 투자한 사람들을 보호하기 위해 이익을 내야 합니다. 그리고 그 이익은 의미 있는 부분에 바르게 사용되어야 합니다. 우리는 2000년까지 국내에서 가장 이익을 많이 내는 회사가 되고자 합니다. 그러기 위해 우리는 더 성실해져야 하고 비용은 좀 더 절감하는 회사가 되어야 합니다. 매우 큰 회사가 되었을 때도 회사의 외관은 여전히 입사지원자를 당혹하게 하는 평범한 것이 될 것이며, 가장 이익을 많이 내는 회사가 되더라도 직원 스스로 청소하며 1인 2역, 3역을 감당해 갈 것입니다. 매일 도시락을 싸오며 자가용보다 버스와 전철타기를 좋아할 것입니다. 또한 성실과 검소를 바탕으로 얻어진 이익들은 사회사업과 선교사업에 사용될 것입니다. 기업이 할 수 있는 가장 큰 사회사업은 일자리를 더 많이 마련함으로써 고용을 늘리는 것이라고 생각합니다. 이것은 저희 기업이 이익을 내며 계속 성장해 가야 하는 큰 이유이기도 합니다.

'이익을 내는 과정이 정직해야 한다'는 두 번째 경영 이념을 소개하겠습니다. 기업은 반드시 이익을 내야 하며, 이익을 내는 과정 또한 정직해야만 합니다. 많은 기업들이 성장 과정에서 국가경제 규모를 신장시켜 왔지만 사회 구조악을 심화시키는 잘못 또한 계속해 왔습니다. 이는 이익만을 중시할 뿐 과정의 정직함은 소홀히 한 결과였습니다. 사회 각 분야의 사람들에게 영향을 주고 있는 기업이라면 국가경제의 양적인 성장뿐만 아니라 사회의 질적인 성숙 또한 감당함이 마땅합니다. 우리는 정직한 이익을 통해 사회전반에 걸쳐 뿌리내린 구조악를 개선하고 싶습니다.

'직장은 인생의 학교이어야 한다'는 세 번째 경영 이념을 소개하겠습니다. 직장은 인생을 통해 배움을 계속해 가는 '학교'이어야 하며, 집밖에 나와 있는 '가정'이어야 합니다. 우리는 인생의 모든 짐을 나누어 질 수 있는 사랑의 공동체로서 모델이 되는 직장을 만들고 싶습니다. 직장은 또한 사회의 지도자들을 길러내는 학교로서의 역할을 감당해야 합니다. 사실 우리 시대가 불행한 것은 젊은이들이나 우리 모두에게 사회적으로 존경할만한 지도자가 많지 않다는 것입니다. 우리는 완성된 인격을 갖춘 지도자를 길러 정치·경제·사회·교육·예술·언론 각 분야에서 바르게 하나님의 말씀을 나타내 보여주고자 하며, 바르게 영향을 끼치는 살아있는 지도자를 기르고 싶습니다.

'소비자를 위해 운영되어야 한다'는 네 번째 경영 이념에 대하여 설명하겠습니다. 소비자의 유익을 먼저 생각하는 기업만이 정직한 이익을 낼 수 있으며, 소비자를 왕으로 섬기는 기업만이 존경받는 왕으로 성장할 수 있습니다. 우리는 소비자가 비싸다고 생각하는 모든 산업에 진출함으로써 바른 서비스를 제공하고 싶습니다. 지난 십년 간 우리는 소비자에게 유익을 드릴 수 있는 2가지 방법을 배워 왔습니다. 그 첫 번째는 "대다수의 국민의 소득수준에 맞는 가격정책을 펌으로써 실소득을 높이는 방법"입니다. 우리는 모든 생활 필수품을 절반의 가격으로 판매함으로써, 궁극적으로는 실질 국민소득수준을 두 배로 높이고 싶습니다. 소비자의 유익을 더할 수 있는 두 번째 방법은 바른 서비스를 제공함으로써 서비스가 부족한 다른 산업까지도 변화시켜 가는 것입니다. 우리는 장차 진입할 모든 산업분야를 통해 바른 서비스를 제공할 것입니다. 예를 들어 어린이나 여자 여행자라 할지라도 안심하고 잠들 수 있는 숙박시설 체인을 만들고 싶습니다. 또한 택시사업에도 진출할 필요를 느낍니다. 우리의 택시는 승차거부가 없을 것이며, 환자가 있다면 추가요금 없이도 그 집까지 데려다 줄 것입니다. 밤늦게라도 안전하고, 휠체어를 쓰는 사람도 부담 없이 탈 수 있는 서비스를 제공함으로써 자가용 없이도 살 수 있는 사회를 만들고 싶습니다.

소비자 우선경영을 잘 실천해 성공한 기업사례와 활용방안

2008년은 새해 시작부터 국제유가가 배럴당 100달러를 넘고 서브프라임 모기지(비우량 주택담보대출) 부실 여파로 세계 경제가 동반 침체로 빠져들 조짐을 보이는 등 기업들의 경영 환경은 점점 녹록치 않은 환경으로 변해가고 있다. 이런 상황에서 기업은 생존을 위해 무엇을 해야 할까. 아무리 경제가 어려워도 까다로운 소비자의 입맛에 맞춘 제품과 서비스를 제공하는 기업은 살아 남는다. 즉 불황일수록 충성스런 고객을 얼마나 확보하느냐가 기업의 생존을 가른다는 얘기다.

미국 제너럴일렉트릭(GE)의 제프 이멜트 회장 겸 CEO는 일본 닛케이비즈니스와의 신년 인터뷰에서 "기업이 영속하기 위해선 지속적인 성장과 함께 고객의 신뢰를 얻어야 한다."고 말하며 소비자 우선 경영의 중요성을 강조했다. 보통 경영학에서는 마케팅의 기본 원리로 '4P(Product, Price, Place, Promotion)'를 제시하곤 한다. 그런데 최근에는 4P 대신 4C를 이야기하는 사람이 더 많아졌다. 첫째도 소비자(Consumer), 둘째도 소비자, 셋째도 소비자라고 해서 Consumer Consumer Consumer Consumer의 4C를 말하는 것이다. 소비자 우선 경영으로 어려운 여건을 극복한 기업들의 사례를 살펴보자.

과자 시장 하면 어떤 회사들이 떠오르는가. 롯데, 해태, 크라운, 오리온 등이 과자업계의 '빅4'로 꼽힌다. 워낙 이 회사들의 아성이 견고한 데다 시장이 더 크지 못하고 정체상태이다 보니 새로운 회사가 이 업종에서 크기는 참 힘든 여건이다. 그런데 이같은 시장에서 틈새시장을 공략하고 있는 '청우식품'이라는 과자 회사가 있다. 찰떡쿠키, 참깨스틱 등 잇따른 히트 상품을 내놓으며 매년 20%대의 성장률을 기록하고 있다. 1986년 창업 이래 매년 흑자를 기록했고 지금은 과자업계 5위까지 치고 올라왔다. 이런 청우식품의 성공 비결은 '기존 제과업체를 따라 하지 않는 것'과 그러면서도 '소비자들이 원하는 제품을 내놓는 것'이었다. 이 두 가지 비결을 한마디로 요약하면 '고객들이 필요로 하는데 기존 업체에서는 만들지 않는 과자'를 만들어 팔았다는 것이다.

청우식품 하면 생소한 이름이지만 편의점이나 고속도로 휴게소 등에서 한번쯤은 참깨스틱, 찰떡쿠키, 모나카 등 이 회사가 만든 제품을 한번쯤은 사먹어 봤을 것이다. 유통기한이 5개월에 불과한 찰떡쿠키는 지난해 100억 원의 매출을 올렸다. 보통 과자의 유통기한은 1년 정도를 생각하지만 청우는 이를 절반 이상 단축되는 것을 각오하고라도 수제 과자와 같은 고급스러운 이미지를 만드는데 주력했다. 재고에 대한 부담을 더 많이 떠 안아야 했지만 다행히 고객들의 반응이 좋아 회전율을 높일 수 있었다.

2007년 한 해 동안 무려 31억 원 어치를 판매한 '참깨스틱'은 고속도로 휴게소 전용과자로 출시해 인기를 얻어 대형마트로까지 진출한 제품이다. 고소한 맛도 일품이었지만 무엇보다도 승용차마다 있는 음료 꽂이에 딱 맞는 둥근 원통형 포장이 운전자들에게 먹혀든 것이다. 봉지 형태나 박스 형태의 일반 과자는 동승자의 도움 없이 운전하면서 심심풀이로 집어 먹기 힘들었지만 청우의 참깨스틱은 음료통에 꽂아 놓고 하나둘씩 빼먹기 딱 좋은 형태여서 장거리 운전자들의 선택을 받은 것.

청우식품의 연간 매출 증가율은 20%대에 이른다. 2007년 국내 제과시장(1조 8700억 원)이 2.7% 성장하는데 그친 것에 비하면 엄청난 경영실적이다. 소비자 중시경영을 펼친 결과 얻어 낸 성과라고 할 수 있다.

모든 임직원이 아침마다 고객에게 '감사편지'를 보내는 삼성생명의 사례도 본받을 만하다. 사장을 비롯한 모든 임직원이 매일 아침 자필로 고객에게 감사 편지를 쓰며 하루를 시작한다. 계절별로 안부를 묻는 내용이 고작이지만 고객 입장에서도 적어도 한두달에 한번쯤은 보험사에서 손으로 꾹꾹 눌러쓴 안부 편지를 받는다는 게 색다를 수밖에 없다. 대행업체에 맡겨서 보내는 천편일률적인 내용의 인쇄문구가 들어간 DM은 읽어보지도 않고 쓰레기통에 집어 넣는 고객이라도 손으로 쓴 편지는 한번쯤 더 읽어보고 관심을 가지게 된다.

금융시장 완전 개방 이후 생명보험업계에도 기라성 같은 외국계 보험사들의 진출이 잇따랐다. 하지만 여전히 삼성생명의 아성을 무너뜨리지 못하고 있다. 이처럼 소비자를 왕처럼 섬기는 자세로 모시는 소비자 중시경영 방침이 전통으로 이어져 오기 때문이다.

삼성생명은 '한국에서 가장 존경받는 기업' 4년 연속 1위 선정(생보부문), 보험 소비자연맹 선정 '좋은 보험사' 1위, '금융감독원 민원평가'에서 1등급으로 선정됐다. 2007년 제2금융권 최초로 자산 100조 원의 시대를 연 주인공이기도 하다. 보험업계 인적 역량을 보여주는 '백만불 원탁회의(MDRT)' 회원 수에서도 세계 1위 2연패(2006~2007년)를 달성했다.

   도박에 빠진 성인 남성만의 전유물로 여겨지던 경마장을 영플라자, 우먼플라자 등 특성화 공간을 통해 가족 단위 레저 공간으로 탈바꿈시킨 KRA (한국마사회)의 혁신적인 노력 역시 '소비자'라는 키워드를 빼놓고는 설명할 수가 없다. 한국마사회는 경마공원에서 계절별 이벤트를 다양하게 개최하고 있다. 5월에는 과천 최대의 축제로 국내 유일의 말 축제인 '경마문화제'를 열고 있다. 굳이 경마에 돈을 걸며 흥분하지 않더라도 다양한 볼거리와 즐길거리가 있는 공간으로 바꾼 것이다.
   또 7월, 8월에는 야간 경마 레이스와 루미나리에 전시 및 다양한 공연행사를 곁들인 '야간 경마축제'도 열고 있다. 무엇보다 고객들에게 호평 받는 변화는 경마공원 내에 특성화 공간을 마련해 고객들에게 편의를 제공하고 있다는 점이다. 젊은 고객들이 DVD영화와 음악감상 등 멀티미디어를 무료로 이용할 수 있는 공간인 '영플라자'와 여성고객 전용의 관전 편의 시설인 '우먼플라자', 노령자의 관전 편의를 도모하는 공간인 '실버플라자' 등이 그것이다. 고객들이 제기하는 각종 불만사항과 개선 의견 등을 수렴하여 이를 업무개선에 반영하는 사후 고객관리체계도 운영하고 있다. 사후 고객관리체계는 크게 'VOC(고객의 소리) 관리체계' '서비스 모니터링 제도' '고객 CS경영 참여제도'로 구분된다. 이렇게 노력한 결과 지난해 마사회의 고객만족(CS) 지수는 89.47로 전년도(85.2)보다 크게 향상됐다. 공기업 중에서는 최상위권에 해당한다.

4
본·깨·적, '본' 것 '깨' 달은 것을 현장에 '적' 용하라

    이랜드 임직원들은 업무 일정을 정리하는 다이어리 이외에 또 다른 노트(혹은 그와 유사한 기록물 철)를 한 권씩 갖고 있다. '본깨적' 이라고 부르는 일종의 비망록이다. 회사 내에서와 개인적인 생활 속에서 본 것, 깨달은 것 등을 정리해 놨다가 나중에 적용하기 위한 것이다. 본깨적 노트는 신입사원 교육 때부터 쓰게 된다. 회사에서 정해 주는 일정한 양식 같은 건 없고, 적는 방법에 있어서 특별히 따라야 하는 규칙도 없다. 어떤 이는 일기나 수기를 쓰듯 그 날 보고 깨달은 것을 쭉 정리하기도 하고, 또 다른 이는 자기만의 양식을 만들어 사용하기도 한다.

    후자의 좋은 예가 신입사원 때부터 성실하게 본깨적 노트를 잘 정리해 온 OOO씨의 경우다. 그는 이 같은 본깨적 노트 작성의 효과에 대해 다음과 같이 설명했다.

"이랜드의 신입사원 교육은 양과 질 모든 면에서 국내 최고라고 생각한다. 짧은 시간에 많은 내용의 학습이 이뤄지고, 사고의 패러다임 자체가 이랜드식으로 철저히 바뀌는 경험을 하게 된다. 하지만 이 같은 집중 교육에는 단점이 하나 있는데, 바로 진정 나의 것으로 소화시킬 시간이 부족하다는 것이다. 어렴풋이 알기는 하지만 현장 경험이 없는 가운데서는 현실에서 적용 가능한 지식이 되기가 어렵다. 그래서 '본깨적 노트'가 필요한 것이다. 신입사원 교육으로부터 시시때때로 이어지는 회사의 교육 프로그램을 일단 이수하고 나면 현장이 달리 보인다. 세상이 확 열리는 깨달음이 생길 때면 본깨적에 기록한다. 이 노트를 매개로 별도의 교육 없이 현장과 연계된 실습의 효과를 낸다고 볼 수 있다."

이랜드 지식경영의 세포(cell)

본깨적은 퇴근 직전에 작성하는 게 보통이다. 회사 업무와 관련한 자기 학습의 일환으로 본깨적을 활용하는 경우가 가장 일반적이다. 그런데 여기에 퀘스천 보드(Question board)를 결합해 이랜드만의 독특한 지식경영 프로세스(P.147 참조)와 링크시키는 직원들도 있다. 퀘스천 보드란 본깨적의 특정 부분에 포스트잇과 같은 탈부착식 메모지를 붙였다 뗐다 할 수 있도록 만들어진 자리를 말한다.

만약 일과 시간 중에 한 이랜드 직원이 자신의 업무와는 크게 관련이 없는 생활 속 의문이 생겼다고 가정해 보자. 예를 들면 이런 것이다. 어느 무더운 여름날, 한 직원이 회사에서 업무를 보고 있는데 무심코 땀이 찬 손으로 자신이 입고 있는 검정색 바지 주머니에 손을 넣었다가 빼 보니 검정색 물이 그대로 손에 배어 나왔다고 치자. 그때 그 직원이 '이런 물 빠짐을 줄일 수 있는 방법은 없을까?'라는 의문이 들었을 때 어떻게 하면 될까? 그 직원은 우선은 일과 중 자신이 처리해야 할 업무가 있으므로 이 같은 의문을 즉시 해결하긴 어렵다. 하지만 그냥 흘려보내서도 안 되는 중요한 문제라는 생각이 들었다. 이때 그 직원은 즉시 메모지에 적어서 본깨적에 마련된 퀘스천 보드에 일단 붙여 둔다. 일과가 끝나고 퇴근 시간이 되면 퀘스천 보드를 확인한 뒤 각각의 의문사항에 대한 해법이 '이랜드 지식 몰(자세한 내용은 2장 1절에 소개돼 있다)'에 등재돼 있는지 확인한다. 만약 올라와 있다면 자신의 'LUTI(이랜드에서 통용되는 지식 화폐)'를 가지고 구입한 뒤 이를 본깨적 노트의 '깨달은 것' 항목으로 적어 두는 것이다. 이런 과정을 거치다 보면 본깨적은 업무에 활용 가능한 실천적인 지식이 일목요연하게 정리된 지침서로 다시 태어나게 된다.

그렇다면 적절한 해답이 등재돼 있지 않다면 어떻게 할까? 이 직원은 물 빠짐 문제를 해결하기 위해 개인 시간을 투자해 연구에 몰두할 것이다. 만약 그렇게 해서 얻어진 결과물이 생산관리부서 쪽에서 요긴하게 쓰였다면 해당 직원은 'LUTI'를 얻어 그에 따른 보상을 받을 수 있다. 이처럼 본깨적은 기본적으로 직원 개개인의 회사 생활 '일기장'인 동시에 현장 교육 프로그램이자, 업무지침서의 역할을 하면서 회사 차원에서는 이랜드 그룹이 지식 경영으로 조직화되는 기본 세포 역할을 톡톡히 하게 되는 것이다.

배우려는 마음이 있어야 한다

이 같은 본깨적 활동이 겉으로 드러난 이랜드의 행동지침이라면, 이를 가능케 해주는 기본 철학은 역시 이랜드 스피릿에 반영돼 있는 '배우려는 마음'이다. 배우려는 마음은 동양 사상에서 말하는 '삼인행 필유아사(三人行 必有我師, 세 사람이 가면 그 중에는 반드시 나의 스승이 있다)'라는 가르침과도 통한다. 이랜드 직원들은 그야말로 모든 것에서 배우고 있다. 다른 사람이 나보다, 또 다른 회사가 우리 회사보다 조금이라도 더 나은 점이 있다면 무조건 배우려고 노력한다.

무엇보다도 이랜드의 배움의 실천은 개인의 차원에서만 머무르지 않고 회사 제도로도 정립돼 있다는 게 다른 회사와는 확연히 다른 이랜드만의 차별화된 경영 방침이라고 할 수 있다. 이랜드는 만약 직원 누구라도 경쟁 회사가 이랜드의 업무 프로세스보다 앞서 있는 측면을 발견했다면 무조건 윗선에 보고하도록 의무화시켰다. 그리고 회사 차원에서 타당성이 확인되면 즉시 적용하는 것은 물론이다. 여기에다가 앞서 얘기한 '다르게 생각하기' 원칙이 가미되면 그야말로 남의 장점은 또 하나의 훌륭한 '이랜드 웨이'로 정착하게 된다. 이렇게 밖에서부터 배워 와 이랜드만의 경영 노하우로 바꿔서 적용한 사례로 '2001아울렛'을 들 수 있다.

이랜드 그룹은 1994년 국내에선 아직 생소한 개념인 '아울렛 스토어'를 도입했다. 당산역 인근에 문을 연 2001아울렛 당산점은 국내 아울렛 스토어의 효시이자 본격적으로 브랜드 의류의 가격 파괴 열풍을 주도한 점포다. '핫 시즌(신상품을 내놓으면서 겨냥한 첫 번째 시즌)'이 지나 팔리지 않은 브랜드 의류를 정가의 절반 이하 값에 판다는 아울렛의 기본 개념은 역시 미국에서 배워 왔다. 여기에는 이랜드의 브랜드 수가 20개를 돌파하면서 자체 재고 문제가 본격적으로 기업 경영의 화두로 떠올랐던 것도 영향을 미쳤다. 이를 계기로 이랜드가 유통 시장에 본격 진출하게 됐다는 의미도 찾을 수 있다.

미국에선 교외에 넓은 부지를 확보해 공원식으로 아울렛 매장을 배치하는 것이 일반적이었다. 뉴욕 근교의 '우드베리코먼' 등 첼시 프리미엄 아울렛 계열의 교외형 아울렛이 대표적인 미국식 아울렛 매장들이다. 하지만 이랜드는 아울렛 스토어의 기본적인 마케팅 포인트는 배워오면서도 미국식의 아울렛 입지 여건에 대해선 '다르게' 생각했다.

당시의 국내 자동차 보급률은 미국의 '반의 반' 정도밖에 안 됐다. 당연히 차로 1~2시간 걸려야 갈 수 있는 위치에 지어진 교외형 아울렛은 국내 현실에 맞지 않았다. 설령 차가 있는 가정이라고 해도 당시로선 꽤나 부유층에 속했을 것이다. 따라서 백화점에서 제값주고 사면 되지 굳이 할인을 노리고 일부러 시간을 내서 도시 외곽 지역으로 쇼핑을 나갈 이유가 없었다. 즉 다시 말해 '차를 가진 중산층 또는 그 이하 계층'이라는 미국의 아울렛 주 소비자층이 아직 국내에는 생겨나지 않았던 것이다. 따라서 교외형 아울렛을 그대로 배워오는 것은 타당성이 떨어진다는 결론을 내렸다.

하지만 브랜드 이미지를 떨어뜨리지 않으면서 재고 상품을 효율적으로 팔 수 있는 매장으로는 아울렛만한 게 없었다. 그래서 이랜드가 선택한 것이 '도심형 아울렛'이다. 당산동, 중계동, 안양, 분당, 수원 등 지하철에서 멀지 않은 곳에 브랜드 옷을 정가보다 싸게 파는 아울렛을 세워 나갔다. 차가 없이도 갈 수 있는 위치에 들어선 아울렛몰은 중산층 이하 고객들에게 큰 인기를 끌 수 있었다.

그러다 1997~1998년 사이 외환위기의 먹구름이 한국 시장에 짙게 드리우면서 옛 구로공단 인근에 '팩토리 아울렛(공장 앞마당에서 제조업체가 직접 재고를 싸게 파는 아울렛)'이 2001아울렛의 가장 큰 경쟁상대로 떠올랐다. 흔히 가리봉 로데오로 불리는 '금천패션타운' 등에 생겨난 아울렛 밀집지가 이랜드의 고객을 빼앗아가기 시작했던 것이다.

그러자 이랜드는 고급 백화점의 매장 구조와 서비스 기법 등을 배워 와 2001아울렛을 이른바 '백화점형 아울렛'으로 변신시키는 승부수를 띄운다. 후발 아울렛들이 이랜드 계열 아울렛보다 더 싼 가격으로 숨통을 조여 들어오자, 마침내 이랜드는 매장의 고급화를 선언한 것이다. 주차대행(발렛파킹), 회원카드, 푸드코트, 문화센터 등 백화점식 부대시설도 갖춰 나갔다. '백화점을 할인한다'는 슬로건을 새롭게 제시하며 변신한 2001아울렛은 팩토리 아울렛 등지로 빠져나가려는 고객들의 발길을 붙들었다. 2001아울렛은 최근 대형할인점에서 '신선 식품 매장' 운영 기법을 배워 와 복합생활문화쇼핑 공간으로 거듭나기를 계속하고 있다.

배워야 한다는 열정을 심어라

이랜드는 2001년 뉴설악 호텔을 인수해 켄싱턴 호텔로 새 단장하고 적자에 허덕이던 호텔을 3년 만에 흑자로 전환시켰다. 레저사업 부문의 저력 역시 무엇이든 배워 온다는 전통에 힘입은 바 크다. 켄싱턴으로 리뉴얼한 뒤 이랜드는 '건전한 휴양문화'를 표방하면서 나이트클럽의 문을 닫아버렸다. 그러자 주위에서 "이랜드가 호텔을 리뉴얼해서 그룹 연수원으로 만들려 한다."는 근거 없는 루머가 흘러나오기도 했다.

하지만 당시 이랜드의 리뉴얼 컨셉은 전혀 다른 데에 있었다. 이랜드는 지금까지 국내에서 아무도 하지 않았던 방식으로 호텔 사업을 해보고 싶었다. 그 남다른 구상이란 다름아닌 국내에서 가장 뛰어난 자연경관을 자랑하는 설악산에다가 가족형 리조트 호텔을 만들겠다는 구상이었다. 레저 사업 부문 직원들은 그때부터 단풍으로 유명한 캐나다 지역 호텔들의 운영 사례를 연구하고 발 빠르게 벤치마킹하기 시작했다. '부어라 마셔라' 식의 놀이문화 대신 자녀들과 함께, 자연을 벗 삼아 편안한 휴식을 누릴 수 있는 공간으로 만들겠다는 목표를 잡은 것이다.

나이트클럽이 없어지자 처음에는 손님들이 심심하다고 반발하며 다른 호텔로 발길을 돌렸다. 객실 예약률도 점점 떨어졌다. 손님들에게 '나이트클럽' 식과는 전혀 다른 새로운 차원의 즐거움을 제공하고 싶었던 이랜드는 미국 서부에서 '셀러브리티 피자' 열풍을 불러일으킨 '캘리포니아 피자 키친(CPK)'의 마케팅 기법을 배워 오기로 했다. 이 피자 레스토랑은 조니 뎁, 톰 행크스, 조디 포스터, 존 트라볼타 등 유명 할리우드 스타들이 방문하면 그들이 머물다 갔던 자리라는 것을 홍보에 적극 활용해 고객들을 불러 모으는 소위 '스타 마케팅'을 성공적으로 구사했던 사업장으로 유명하다.

이랜드는 이를 응용해 '스타호텔'이라는 개념을 도입했다. 국내 연예계와 문화계 등의 유명인사를 초청해 무료로 숙박하게 한 뒤 방에 이들의 이름을 붙였다. 또 미니진열장을 놓고 스타가 사용한 소품, 연주한 악기 등을 모아 고객들이 이를 즐기게 했다. 스타들의 유명세를 마케팅에 활용하는 대가로는 방의 수익 일부를 해당 유명인의 이름으로 사회단체에 기부토록 했다. 상업적인 용도로 자신의 이름이 활용된다는 것에 대한 거부감을 줄이고 사회 공헌 활동도 병행하기 위한 전략이었다.

이 같은 아이디어는 경영진이 아니라 해당 업무를 책임지고 있는 실무자들에게서 나왔다. 바로 본깨적 노트와 지식경영 프로세스로 다져진 저력 덕분이었다. 이는 또한 이랜드의 독특한 회사 문화가 있었기에 가능한 일이기도 했다. 박성수 회장 등 이랜드 그룹의 경영진은 대리급 정도 되는 젊은 직원에게도 "사장이 된다면 호텔을 어떻게 살릴 것인가?'를 과제로 부여하곤 한다. 그리고는 성과를 낼 수 있는 아이디어를 내놓은 직원에게는 직급에 관계없이 관련 프로젝트팀을 아예 맡겨 버리는 등 격식 파괴 인사도 수시로 행하곤 했다. 직원들은 언제 찾아올지 모를 이 같은 기회를 잡기 위해 평상시에도 끊임없이 자신이 사장이 돼서 사장의 입장에서 생각하고 공부하면서 그 결과를 본깨적에 정리한다.

이랜드맨들은 새벽에 일어나 남보다 일찍 출근하는 것으로 동종업계에서 유명하다. 정상적인 업무가 시작되기 전 확보된 시간의 대부분은 무언가를 배우는 데 투자한다. 학습을 통해 쌓은 지식은 어떤 식으로든 회사에 투자되고 그 대가는 인사나 급여 등에서 그만큼의 인센티브로 돌아온다. 그렇기에 공부를 하기 위해 일찍 회사로 나오는 것에 대해 큰 불만이 없다.

신촌 전철역에서 이랜드 사옥으로 가는 창전동 대로변의 아침 길은 손에 손에 한권씩 읽을거리를 들고 걷고 있는 이랜드맨들로 가득하다. 이랜드 여성복 생산부 팀장인 오거부 차장은 "부서장인 내가 시간 투자해 배우는 것은 유사시에 회사를 살리는 데 쓰일지도 모르지만 기본적으로는 나 자신에게도 소중한 자산으로 쌓여가는 것"이라며 "이랜드에 있으면서 지금까지 무엇인가 새로운 것을 배워야 하고 또 다른 지식을 공급받아야 한다는 열정을 유지할 수 있게 해 준 회사에 대해 감사하게 생각한다."고 말했다.

성공하는 사업을 위한 이랜드 식으로 실천하기 ⑤

나만의 지식노트 만들기

이랜드의 본깨적과 같은 자신만의 지식노트를 만들어보자. 자신만의 지식노트를 만들어야 하는 이유는 노하우를 쌓아 지금 하고 있는 일에서 높은 성과를 내기 위해서이기도 하지만 나아가서는 '어떤 일이 잘 되도록 하는 노하우' 그 자체가 재산적 가치를 지니는 시대가 됐기 때문이기도 하다.

한 회사를 10년 넘게 다닌 직장인이나 한 분야에서만 10년 이상 사업을 한 비즈니스맨이라 할지라도 그동안의 자신의 노하우를 체계적으로 정리하고 기록해 매뉴얼로 정리했다는 이는 많지 않다. 1~2년 단위로 이직이 잦았거나 비즈니스맨으로 여러 분야를 두루 거쳤다면 더더욱 기록할 새도 없이 옛 것을 비우고 새 것을 채우느라 바빴을 것이다.

한 분야에서 잔뼈가 굵은 경험 많은 이들은 종종 이렇게 얘기하기도 한다. "그런 거 정리 안 해 둬도 오래해서 익숙하면 일하는 데 아무런 지장 없다." 배워서 몸에 익혀두었기 때문에 매일 매일의 업무 처리에 전혀 문제가 없다는 주장이다. 하지만 이런 이들에게 프로 청소부 '버지니아 아주엘라(Virginia Azuela)'의 성공 사례는 시사하는 바가 크다.

필리핀 출신의 미국 이민자로 리츠칼튼 샌프란시스코 호텔에서 청소부로 일하던 아주엘라는 호텔 청소에 관한 지식을 체계화해 육체 노동자에서 지식 노동자로 진화해 성공적인 인생을 스스로 개척해 낸 사람이다. 아주엘라는 고객의 유형을 약 20가지 정도로 나누고 그에 따라 청소하는 법도 달리했다. 예를 들면 수건을 많이 쓰는 고객, 비품의 위치를 바꿔 주기를 원하는 고객, 특정한 신문을 원하는 고객 등으로 유형을 구분했다.

자주 오는 고객은 이름과 유형을 기억했다가 방을 청소하고 준비하는 과정에서 이 같은 취향을 미리 알아서 반영했다. 당연히 묵고 간 고객들은 대부분 객실의 상태에 대해 극도의 만족감을 표시했다. 뿐만 아니라 그녀는 청소 작업의 생산성을 높이기 위해 침대보 정리 방법도 개선했고 이를 동료들에게 전파하기도 했다. 청소를 하면서 발견한 문제점들은 반드시 해결방법을 찾아내 이를 자신의 노트에 기록했고, 이를 경영진에 수시로 보고하기도 했다.

이로 인해 아주엘라는 청소부에서 호텔의 객실 품질관리 책임자까지 오를 수 있었다. 나중에는 호텔을 청소하는 노하우를 가지고 컨설팅 사업까지 벌였다. 청소하는 법을 전임자에게 배우고 몸에 익혀서 매일매일 깨끗하게 해내는 청소부도 물론 훌륭하다. 하지만 그건 거기까지다.

이젠 지식 산업이 경제의 핵심으로 떠오르고 있다. 만약 자기 사업을 할 수 있을 정도의 넉넉한 자본이 없다면 경제적 가치를 갖는 지식을 보유해야만 성공할 수 있는 시대가 도래한 것이다. 변호사나 의사가 높은 수입을 올리는 것도 자신의 직업이 국가가 그 자격을 인정해주는 자격증에 의해서 배타적 권리를 보호받는 일종의 지식산업이기 때문에 가능한 것이다.

지금 어떤 자리에서 무슨 일을 하고 있든지 간에 거기에서 얻은 경험과 지식 그리고 문제해결법을 체계적으로 정리해 자기 것으로 만들어 두면 얼마든지 지식 노동자가 될 수 있는 길이 있다. 설령 그 대상이 공사장에서 벽돌을 나르는 단순한 일이라 할지라도 거기에 두뇌를 얹으면 지식 산업이 될 수 있다는 얘기다.

경험과 지식의 축적을 돕는 것이 바로 지식노트다. 자신의 업무 효율을 1%라도 높일 수 있는 것이라면 어떤 대상이라도 괜찮으니 적어서 남겨두자. 뭘 어떻게 적어야 할지 모르겠다면 '본 것, 깨달은 것, 적용할 것'으로 구분하는 이랜드의 방식을 따르는 것도 좋다. 시간이 없다는 핑계는 대지 말자. 이순신 장군은 백척간두에 선 나라를 지키기 위해 왜군의 빗발치는 화살과 화포의 난리통 속에서도 먹을 갈아서 난중일기를 썼다.

지식노트는 반드시 손으로 쓰는 게 좋다. 메모에는 '잊지 않기 위한 메모'와 '잊기 위한 메모'가 있다고 한다. 전자는 손으로 한번 메모하는 과정을 통해 머릿속에 해당 지식을 더욱 각인시키려는 것이고 후자는 우선 적어두고 잊어버렸다가 나중에 그것을 보고 기억을 되살리기 위한 것이다. 그런데 지식노트를 작성하라는 것은 머릿속에 체계적이지 않은 채로 흐트러져 있는 지식(잠재돼 있는 지식이라는 의미에서 '암묵지(知)' 라고 표현)을 적당한 구조를 갖춘 지식(이른바 형식지)으로 만들라는 이유에서다. 손으로 직접 써보는 것만큼 좋은 방법이 없다. 본 것, 깨달은 것, 적용할 것을 각각 체계화하는 것이 필요하다는 것이다. 물론 나중에 잊었을 때 다시 스크린을 해보기 위한 용도도 빠질 수 없지만 우선은 손으로 쓰는 것이 지식의 체계화를 보다 능률적으로 할 수 있는 방법이다.

지식노트는 될 수 있으면 각각 한 장 한 장씩 분리되는 바인더형 노트로 준비하는 게 좋다. 매일 매일의 기록을 정리하는 한편 의문이 해결되거나 나중에라도 관련 지식이 추가되면 덧붙여야 하는 경우가 있다. 이럴 때 낱장을 추가하거나 뺄 수 있는 고리형 바인더가 요긴하게 쓰인다. 이랜드맨들의 본깨적 노트도 대부분 바인더 형식으로 이뤄져 있다. 요즘 점차 이용자가 늘고 있는 '프랭클린 플래너' 도 매일 매일의 업무를 기록하는 파일을 넣었다가 뺄 수 있게 돼 있는데 이것을 참고하면 될 것 같다.

지식노트는 매일 한 달 분량을 묶어서 가지고 다니다가 월간 단위로 스크랩해 보관하면 효율적으로 관리할 수 있다. 중요한 지식은 특별히 찾아 볼 수 있도록 견출지 등으로 돌출 탭을 붙여두면 요긴하게 쓸 수 있다. 이렇게 쌓아둔 지식노트들을 휴가 기간 등을 이용해 업무 매뉴얼로 재정리하는 것도 좋다. 그때는 각각의 지식 파일을 낱개로 나눴다가 분야별로 다시 분류해 묶으면 된다.

5
─ 재능보다는 성실 ─

　2003년 일본의 의사인 사이쇼 히로시가 「인생을 두 배로 사는 아침형 인간」이라는 책을 출간하면서 국내에서까지 '아침형 인간' 열풍이 분 적이 있다. 이 책에 따르면 인간은 원래 해가 뜨면 일어나고 해가 지면 바로 잠자리에 들도록 신체 리듬이 프로그래밍 돼 있다고 한다. 하지만 지난 100년 간 문명이 발달하면서 밤 시간을 활용할 일이 많아짐에 따라 이 같은 리듬이 깨져 버렸다는 것이다. '아침의 1시간이 효과면에서 낮의 3시간과도 맞먹는다' 는 것이 이 책의 주장이다.
　2007년 대선에서 이명박 대통령이 당선된 뒤 그의 부지런한 습관 때문에 관가에 7시 30분에 출근하는 이른바 '얼리 버드' 바람이 휘몰아친 적도 있다. 일찍 일어나 남는 아침시간을 이용하면 새로운 것을 배우거나 아이디어를 내기에 좋다는 건 분명하다. 개운한 정신을 유지할 수만 있다면 평소에 하기 어려웠던 일을 할 수 있는 능력이 생기기도 한다. 집중력과 창의력이 높아져 짧은 시간에도 큰 효과를 누릴 수 있다는 얘기다. 현대그룹을 일군 고(故) 정주영 명예회장이나 마이크로소프트사의 빌 게이츠 회장은 새벽 3시에 일어나 일과를 시작하는 것으로 유명했다.

사실 '아침형 인간'이 유행으로 떠오르기 훨씬 전부터 이 같은 이론을 현실 속에서 실천한 회사가 바로 이랜드다. 이랜드는 모든 구성원이 '아침형 인간'이 되고자 했고, 또 그런 원칙을 오랜 기간 성공적으로 지켜 왔다. 1990년대 중반까지만 해도 이랜드맨 하면 '아침밥을 담은 도시락 가방을 든 채, 해도 뜨기 전에 회사에 나오는 사람들'로 업계에 알려져 있었다. 남들보다 일찍 회사로 향하면 출근 시간대의 혼잡을 피할 수 있기에 시간과 돈을 절약할 수 있다는 게 주된 이유였다. 회사의 수장인 박성수 회장이 새벽 4시 30분에 출근하며 직원들을 독려한 것도 이랜드맨들의 '아침형 인간' 만들기에 톡톡히 한몫했다.

새벽을 깨우는 이랜드 사람들

지금은 이랜드도 다른 회사들처럼 아침 8시 30분까지를 출근 시간으로 정해 두고 있다. 다만 신입사원 교육만큼은 여전히 7시에 시작해 '새벽을 깨우는 회사'라는 전통을 이어가고 있다. 그런데 이랜드의 모든 계열사는 아닐지 몰라도 최소한 필자가 출입하던 마포 창전동 본사에는 여전히 새벽 6시면 회사에 나와 있는 직원이 상당수였다.

한번은 이들이 새벽같이 회사에 와서 대체 뭘 하는지가 궁금해 덩달아 오전 6시에 기자실로 출근한 적이 있다. 이들은 크게 두 부류로 나뉜다. 한 쪽은 기독교 신앙을 갖고 있는 직원들이다. 이들은 사무실에 들렀다가 자연스럽게 기도실에 모여 QT(영어 quiet time의 첫 글자를 따서 만든 약어로 우리말로는 경건의 시간, 명상의 시간, 묵상의 시간 등으로 번역된다)를 갖고 개인적인 기도도 한 뒤 서로 대화를 나누고 헤어진다. 나머지 절반은 독서를 하기 위해 일찍 나오는 이들이다.

이랜드의 '독서 문화'는 그 뿌리가 대단히 깊다. 이랜드는 1980년대 후반부터 급속한 성장세에 비해 구성원들의 경험이 부족한 것을 기업의 '아킬레스 건'으로 생각했다. 이 같은 경험 부족을 극복하기 위해 업무와 학습을 병행해 '책을 통해 배우고 성장하는 방법'을 채택했다. 이른바 '독서 경영'이다. 이랜드는 그러면서 말단 직원들에게까지 누구든 장래에 '경영자'가 될 수 있다는 비전을 심어주고 '독서에 그 길이 있다'고 강조해 왔다. '경영자 개발 프로그램'을 통해 필독서 목록을 주기적으로 제시해 독서 의욕을 북돋아준 게 좋은 사례다.

이처럼 직원들의 자기 계발 욕구와 회사의 경영전략이 손바닥 마주치듯 제대로 맞아 떨어지면서 이랜드엔 '아침 독서' 문화가 자리잡게 된 것이다. 회사는 책을 읽고는 싶은데 어떤 책을 골라서 읽어야 좋을지 몰라 망설이는 직원들을 위해 경제·경영, 마케팅 등의 분야에서 400여 권의 책을 추천 도서 목록(*표로 소개)으로 알려주고 독서 스터디 모임에 대한 지원도 아끼지 않았다.

독서스터디를 위한 학습조직 구성

이랜드의 독서 경영 학습조직은 크게 EC와 LC로 구성된다. 일종의 독서스터디 모임으로서 직원들의 독서를 통한 자기계발을 조직화하는 것은 물론 지식경영으로 이어지는 세포 조직으로서의 역할도 병행하고 있다.

▶ LC(Leadership Center)

본부장과 대표이사를 중심으로 진행되는 LC는 경영자 양성을 목표로 전략수립, 현장의 목표로의 전환 및 실행, 피드백에 의한 전략의 재조정 등을 독서와 학습의 목표로 삼고 있다. 다시 말해 경영자 학습 과정이자 장기적으로는 경영 의사결정을 익히는 과정이라 할 수 있다.

▶ EC(Excellent Center)

1990년대 초반부터 기능별 매트릭스 조직을 중심으로 진행해 왔던 전문가 교육과정이 실제 조직화 된 것으로 모든 직원은 한 개의 EC에 소속된다. 각 EC에서는 각각의 목표로 하는 지식을 독서를 통해 학습하는 과정을 갖는다. 또한 이는 인사정보시스템과 연동되어 전환배치 수요가 발생했을 때 지금까지 소속됐던 EC가 고려되는 것은 물론이고, 앞으로의 보직 배치를 위해서 학습해야 할 지식의 종류와 직급별 필요지식을 회사에서 지정하기도 한다.

이랜드 그룹 선정 필독서 목록

〈Basic〉

1. 기업문화

1) 스피릿

프랭클린 자서전 / 가르시아의 밀서 / 나는 10억배의 축복을 받은 사람 / 데일 카네기 시리즈 6권 / 벤&제리 / 사랑에 빚진 자 최태섭 / 불가능은 없다 / 비즈니스 바이블 / 세상과 나를 움직이는 삶의 기술 / 소명으로서의 기업 / 우리가 못할 것은 아무것도 없다 / 이 땅에 태어나서 / 죽음의 수용소에서 / 헝그리 정신 / 107개의 병원을 가진 남자 / 백만장자가 되는 법 / 사람을 생각하는 기업 / 몬드라곤에서 배우자 / 영적인 비즈니스(바디 샵) / 하프 타임 / 비영리단체의 경영

2) 자기개발

가장 활동적인 여성이 가장 매력적인~ / 내가 연봉 18억을 받는 이유 / 당신을 SOB라고 부르거든 웃어라 / 일본의 과장 / 경영자는 이렇게 공부하라 / 바디 랭귀지 / 성공하는 사람들의 7가지 습관 / 소중한 것을 먼저 하라 / 시간을 지배한 사나이 / 아메리칸 드림을 실현한 50인 / 인생과 사업에 성공하는 88가지 비결 / 젊은이를 위한 쇼맨쉽 / 중역이 되느냐 과장부장으로 그치느냐~ / 30통의 편지 / 성공하는 사람, 번영하는 기업 / 오직 이 길 밖에 없다 / 새로운 법칙들 / 10가지 자연법칙 / 워킹 뉴요커(여성과 미국 직장) / 30대 신화는 늦지 않다(여성) / 여자가 힘든건가요 내가 힘든건가요? / 초 정리법-시간편

3) 역사교훈

남부군 / 대원군 / 덕천가강 20권 / 동의보감 / 로마인 이야기 / 바다의 도시이야기 / 열국지 / 오다 노부나가 5권 / 왕건 / 이성계 / 임진왜란 / 초한지 / 충신장

2. 협상

1) 협상원칙

대화의 심리작전 / 무엇이든 협상할 수 있다 / 하버드식 외교술 협상 - 그 기술과 즐거움 / 하버드에서도 가르쳐주지 않는것들 1,2

3. 사업전략

1) 패션

에펠탑에 옷을 입히며 / 베네통 이야기 / 이브생로랑 / 크리스챤 디오르 / 세계최고 리미티드사 성공비결 / World

2) 유통회사

샘월튼 자서전 / 월마트의 성장전략 / 세븐일레븐의 유통혁명 / 이토요카도의 업무개혁 1,2,3 / 가격파괴선언 / 월마트 / 위대한 상인 샘월튼 / 유통개방 뛰어넘기 / 유통기업 / 한국의 유통산업, 이것이 문제다 / 간사이 수퍼의 완전주의 경영 / 막스 & 스펜서

〈매니지먼트〉

1. 경영원칙

1) 경제이해

이윤과 사회 / 리스크 / 불황경제학 / 경제학의 조망 / 죽은 경제학자의 살아있는 아이디어 / 디플레이션 / 경제탐험 / 세계를 움직인 경제학자들

2) 경영

경영은 이렇게 하라 / 사장의 실패 / 살아있는 기업 / 성공하는 기업들의 8가지 습관 / 장군의 경영학 / 창업과 성장 / 초우량 기업의 조건 / 현대경영의 실제 상, 하 / 구영한 시리즈 13권 / 위기돌파의 교훈 52 / 1초를 잡아라 / 숨은 강자들 / 한 권으로 만나는 경영대가 50인 / 한 권으로 읽는 경영명저 50선 / 역사속에서 본 비즈니스와 선교

3) 성공기업

마쓰시다 / 바디샵 / 소니의 기적 / 베네통 이야기 / 스타벅스 / 에스테로더 / 월트 디즈니사와 미래형 경영 / 혼다 / 77개 거대기업 / 휴렛 패커드 이야기 / GE혁명 - 당신의 운명을 지배하라 / GE 신화의 비밀 / IBM Way / IBM 창업자와 후계자 / 패스트 푸드의 제국 / USA 투데이 / 커넬 샌더스 / CNN 그 성공비화 / 빌 게이츠 / 직접 팔아라 / 닌텐도 / 풀무원 이야기 / 우리는 기적이라 말하지 않는다

2. 재무관리

1) 금융

하나가 없으면 둘 다 없다 / 나는 나를 베팅한다 / 금융가의 불한당 / 고백 / 증권가 X-파일

2) 투자전략

나는 주식투자로 250만불을 벌었다 / 월가를 움직이는 15법칙 / 골드만 삭스 / 워렌 버펫의 완벽 투자기법 / 워렌 버펫 포트폴리오 / 주식투자로 성공한 현대의 영웅들 / 현명한 투자자 / 월가의 영웅 / 로브의 성공일대기

3) 자산관리
   손대는 사업마다 성공으로 이끄는 길 / 트럼프 / 트럼프 정상지키기 / 좀 도둑, 큰 도둑 / 맥도날드 / Hilton / 로펌 / 미국상표법 / 현금은 왕이다
4) M&A
   e-Business성공신화 시스코 시스템즈 / GE Capital

3. 조직관리

1) 조직구조
   파킨슨의 성공법칙 / 파킨슨의 사회법칙 / 교세라의 아메바 조직 / 가상기업 / 경영자의 기능 / 조직행동론 / 페이욜의 산업 및 일반경영관리론 / 존 코터의 새로운 법칙들 / 보이지 않는 고객 / 메버릭 / 미래의 조직 / 기업내 개척자 정신
2) 리더쉽
   군중심리 / 권력없는 리더쉽은 가능한가? / 뉴리더의 조건 / 리더쉽 / 리더쉽은 예술이다 / 사람의 마음을 움직여라 / 1분간 리더쉽 / 나의 친구 마키아벨리 / NBA 신화 / 조직문화와 리더쉽 / 존 코터의 마쓰시다 리더쉽 / 이것이 권력이다/ 조직문화와 리더쉽 / 리더쉽 매니지먼트 / 기업문화

〈이노베이션〉

1. 변화관리

1) 기업회생
   기업이 원하는 변화의 리더 / 던랩의 기업수술 / 루 거스너의 IBM살리기 / 전환경영
2) 혁신적 사고
   3M
3) 관리기법
   리 엔지니어링 기업혁명 / 생산방식의 혁명 / 품질혁명 / 데밍식 경영 / 과학적 관리의 원칙 / 과학적 관리법 / It's not luck / The Goal / 관리혁명 / 기업회생을 위한 패스워드 TOC

2. 지식경영

1) 지식자산
   지식자산의 측정과 관리 / BSC / 지식자본 / 지적자본

2) 학습조직
  글로벌 학습조직 / 지식창조기업 / 제5경영
3) 지식자본가
  성과를 향한 도전 / 21세기 지식경영
4) 지식패러다임
  지식의 지배 / 지식 자본주의 혁명 / 지식혁명 보고서

3. 성장

1) 세계화
  중국은 가짜다 / 세계경영 정상의 길 / 문화와 세계경영 / 성공하는 국제 비즈니스 / 세계의 문화와 조직 / 세계경제는 국경이 없다 / 서양식 예절 / 국화와 칼 / 인도사 / 라틴 아메리카를 찾아서 / 일본의 실력 / 일본인과 한국인 이점에서 크게 다르다 / 중국백과 / 중국의 비밀 / 한국인의 의식구조 1,2,3,4권
2) Web
  가상사회와 전자상거래 / 기업해체와 인터넷 혁명 / 인터넷 거품 / 네티즌을 위한 12계명 / 디지털 리터러시 / 비트의 도시 / 아마존의 성공비결 / 웹 경제학 / 전자상거래 혁명 / 클락 스피드 / e-Biz시대에도 변하지 않는 10가지 ~ / e비즈니스에 뜨는 태양 / 인터넷 브랜딩 11가지 법칙 / 디지털 다윈이즘

4. 전략

1) 기획 마인드
  브리프 케이스 / 맥킨지는 일하는 방식이 다르다 / 경영컨설팅사를 평가한다 / 로지컬 씽킹
2) 사업설계
  가치이동 / 수익지대 / 성공 벤치마킹 / 이노베이션과 기업가 정신 / 포커스 경영 / 14가지 경영혁신 기법의 통합모델
3) 수익경영
  재고파괴 / 이제는 수익경영이다 / 타겟 코스팅
4) 경쟁전략
  기업경영과 전략적 사고 / 경쟁전략 / 경쟁전략의 본질 / 이노베이션(한계돌파의 전략) / 코피티션 / 타임베이스 경쟁전략 / 칭기스칸 / 손정의 21세기 경영전략 / 경쟁우위 / 위대한 장군들은 어떻게 승리~ / 모방전략 / 손자병법과 전략경영

5) 중장기전략
세계화 이후의 세계화 / 글로벌 기업의 핵심역량 / 코아 컴피턴스 경영혁명 / 한계돌파의 경영혁신 / 성공기업의 딜레마 / 전쟁의 역사 / 편집광만이 살아남는다 / 성장의 묘약

5. 미래경영
1) 미래변화
단절의 시대 / 자본주의 이후의 사회 / 경쟁의 종말 / 국가의 종말 / 역설을 넘어서 미래를 이해하기 / 미래기업 / 미래의 결단 / 클락 스피드

〈마케팅〉

1. 마케팅 원칙
1) 마케팅 혁신
마케팅 상상력 / 마케팅 원론(코틀러) / 우리가 알고 있던 마케팅은 끝났다 / 마케팅 혁명 / 미래형 마케팅 / 마케팅 포지셔닝 / 뉴 포지셔닝 / 마케팅 불변의 법칙 / 매스 커스터마이제이션(생산)

2) 마케팅 기법
체험 마케팅 / 오락의 경제 / 포커스 경영 / 관계가치 경영 / 콜라전쟁 / 퍼미션 마케팅 / 마케팅 석세스

2. 브랜딩
1) 브랜드 관리
다섯 가지 성장코드 / 미학적 마케팅 / 레퓨테이션 / 강력한 브랜드의 구축 / 브랜드 자산의 전략적 관리 / 브랜딩 불변의 법칙 / 브랜딩 불변의 법칙 22

2) 광고
어느 광고인의 고백 / 성공하는 광고 / 과학적 광고 / 광고, 이렇게 하면 성공한다 / 오길비의 광고 / 오길비의 고백 / 광고에 신들린 사나이 / 광고인이 되는 법 / 생생한 PR현장 이야기 / 경영자의 매스컴 사귀기 / 임신한 남자 / 세상에서 가장 효과적인 101가지 PR전략 / CM 30초

3. 로열티 경영

1) 로열티 관리
로열티 경영 / 고객 제일주의 / 고객을 순간에 만족시켜라 / 고객이 성공으로 이끈다 / 입소문으로 팔아라 / CRM.com

2) 소비자 행동
쇼핑의 과학 / 입소문으로 팔아라

3) 고객 서비스
노드스트롬 고객서비스의 신화 / 메리어트의 서비스정신 / 서비스 나의 영원한 라이벌 / 노드스트롬의 서비스신화 / 서비스의 달인

4. 세일즈

1) Sprit
판매는 거절에서부터 시작된다 / 판매에 불가능은 없다 / 외야생활 반생기 / 유대인의 상술 / 프로세즈의 1인자들 / 세일즈왕의 365일

2) Skill
한번고객을 평생고객으로 만드는 법 / 손님을 부르는 경영비법 / 움직이는 대리점 주부사원 백숙현 / 천하무적 DM전략 / 판매에 성공하는 비결

이 같은 독서 스터디 모임이 일반 직원들에겐 자율적인 활동이지만 관리자급 이상으로 가게 되면 정기적으로 참여해야 하는 회사의 공식 업무의 하나로 바뀐다. 이랜드가 독서를 회사 발전의 핵심 전략으로 삼고 있다는 것을 알 수 있는 대목이다. 경영자와 임원은 회의와 함께 매주 책 한 권을 읽고 와서 토론하며 중간 관리자급 회의에선 격주로 3권의 책을 학습해 토론하도록 의무화했다. 1년에 2번 과장급 이상 직원 모두에게 각 분야에 따라 적합한 도서를 회사에서 선물해 주는 제도도 있다. 만약 일반 직원들이 자율적으로 시기를 정해 독서 스터디 모임을 만들면 회사는 이를 전폭 지원해 준다. 의무 사항이 아닌데도 새벽시간에 열리는 독서 스터디 모임에 대한 직원들의 참여 열기는 임원들 못지않게 뜨겁다.

독서경영으로 지식경영과 회사의 생산성 향상을 이룬 사례

독서경영으로 생산성 향상을 이룬 회사로는 건설사업관리(CM)업체인 한미파슨스의 사례를 대표적으로 꼽을 수 있다. CM은 발주자와 계약을 맺고 건설공사과정을 체계적이고 과학적으로 관리해 공사비 절감, 공기 단축, 적정품질 확보 등 사업효과를 극대화하는 관리기법이다. 사업서비스업종이긴 하지만 건설업계 특성상 현장 근무가 많고 구성원 다수가 남성 엔지니어인 회사에서 독서를 즐길 수 있는 여건과 습관이 만들어지기란 여간 녹록치 않은 일이었다.

하지만 이 회사 김종훈 사장은 "인터넷 서점을 통해 언제든지 자기가 보고 싶은 책을 자유롭게 구입하라."고 지시했다. 책값은 모두 회사에서 부담했다. 모든 구성원들이 공통의 책을 읽고 함께 토론할 수 있는 기회를 만든다는 취지로 12가지의 추천 도서를 전 직원들이 1년 동안 서로 돌려가며 읽게 하는 독서릴레이 제도를 운영하고 있다. 우수한 독서릴레이 서평에 대해서는 매달 포상을 실시한다.

처음에는 문화 생활을 지원해 직원의 복지를 향상시킨다는 차원에서 시작했던 일이지만 점차 책을 매개로 사내 커뮤니케이션이 활성화되는 부수적인 효과를 거둬나갔다. 사람의 경쟁력이 회사 경쟁력의 전부인 회사다 보니 구성원 개개인의 지적 풍만감과 활발한 의사소통은 뛰어난 회사 경영 성과로 나타나고 있다. 한미파슨스는 2007년 당시 건설교통부(현 국토해양부)가 매긴 CM능력 실적 평가에서 4년 연속 1위를 차지했다.

전국 단위 주파수공용통신(TRS) 사업자인 KT파워텔도 독서경영을 통해 흑자전환에 성공한 회사다. 2005년까지 2년 연속 흑자를 기록하던 이 회사는 2006년에 와서 부실가입자의 증가로 적자로 빠져들게 된다. 타개책으로 2007년 1월부터 시작한 것이 바로 독서토론회. 전 부서장이 2주에 한 권씩 책을 읽은 뒤 모여서 느낀 점을 서로 공유하고 발전방향을 찾는 회합이다. 20명의 팀장들이 경영전략, 경영경제 일반, 재무회계, 자기관리 리더십, 조직관리 등 관리자가 함양해야 할 여러 가지 추천 도서 중 1권을 정독하고 숙지

해 다른 관리자들과 공유하는 것. 단순히 지식을 늘리는 것을 넘어 회사 경영에 직접 적용해 개선점을 찾을 수 있도록 토론회까지 이어지는 게 특징이다. 독서토론회로 시작된 지식경영 문화는 결국 경영개선을 위한 '1인 1제안' 운동으로까지 이어졌고 KT파워텔은 다시 흑자전환에 성공할 수 있었다. 2008년에는 1064억 원의 매출과 29억 원의 당기순이익을 내서 안정적인 성장 기반을 모색하겠다는 사업계획을 갖고 있다.

최근에는 공공기관에까지 민간기업의 독서경영을 배우자는 바람이 불었다. 국가정보원이 대표적인 케이스다. 국정원은 '이달의 책'을 선정해 직원들에게 읽기를 권하고 있다. 직원들은 토론을 통해 생각을 공유하는 스터디 그룹을 자발적으로 만드는 분위기가 확산되고 있으며 독후감 대회가 열리기도 했다.

지방자치단체 중에는 대구시가 독서경영에 열심이다. '시민과 함께하는 저자와의 만남' 행사가 대표적이다. 이 행사는 직원뿐만 아니라 시민들에까지 책 읽는 문화를 정착시키기 위해 베스트셀러를 쓴 저자를 직접 초청해 대화를 나누는 시간을 갖고 있다. 경상남도는 점심 시간을 이용해 주먹밥을 먹으며 책 속에 나타난 '최신 경영 트렌드'를 리뷰해 보는 독서토론회를 운영하고 있다. 기업친화적인 행정을 하겠다는 취지에서다.

성실한 이의 실패 확률이 더 낮다

이랜드가 독서 경영을 통해서 직원들의 지적인 성장과 함께 회사 차원에서도 한 단계 성숙할 수 있는 경영문화 혁신을 이룰 수 있었던 데는 '재능보다 성실'이라는 이랜드 스피릿에서 그 가능성을 찾을 수 있다. 지금 아는 것이 많은 사람보다도 배우려는 의지가 있고 성실함이 뒷받침된 이를 이랜드에선 훨씬 더 높게 평가해 준다. 새벽을 깨우는 독서를 통해 자기 발전을 도모하려는 의지만 있다면 앞서가는 사람을 따라잡는 것은 시간문제라는 게 이랜드맨들의 생각이다. 이 같은 정신은 '이랜드'라는 기업의 자화상이기도 하다. 이랜드는 초창기부터 자본이나 기술을 갖고 시작했다기보다는 그런 게 없었기 때문에 남보다 열 배 스무 배 노력을 더 기울여서 오늘날 업계를 선도하는 기업으로 눈부시게 성장한 회사가 아닌가. 그렇기에 이랜드 사람들에게는 '재능보다 성실'이라는 금언이 신념으로 자리 잡았을 법도 하다.

이랜드 스피릿이라는 회사의 경영 이념을 자신의 것으로 체득화하는 과정에서 직원들은 무엇보다도 자신도 모르고 있던 자기의 잠재력을 알고 놀라곤 한다고 한다. 혹자들은 이랜드 문화의 기저에 기독교 문화가 근간이 됐다고 말하지만 그건 이랜드의 오늘을 잘 모르고 하는 얘기다. 무엇보다도 이랜드에서 직장생활을 하면서 자연스럽게 이랜드맨이 되어 가는 과정에서 직원들은 자신의 힘으로 회사를 위해서 무언가 보탬이 되고 있는 자신을 발견하게 된다. 그러면서 자기 안에 감춰져 있던 잠재력을 발휘하게 되고, 성실함을 무기로 업계에서 인정받는 사람이 되면서 학벌이나 인맥, 비명문대 출신이라는 사회의 일반적인 평가와는 전혀 다른 이랜드식의 자율경쟁대열에 합류하게 되는 것이다.

현재 이랜드에서 과장으로 일하고 있는 한 지방 출신 직원은 입사시험 과정에서 두 번 놀랐다고 한다. 우선 '옷을 파는 중소기업' 정도로 생각했던 이랜드의 면접 시험장에 이른바 '명문대' 출신 지원자가 생각보다 꽤 많은 것을 보고 놀랐다고 한다. 그가 두 번째로 정말 놀란 것은 합격자 명단을 봤을 때라고 했다. 쟁쟁한 서울 소재 대학 출신자들을 제치고 자신을 비롯한 지방대학 출신이 꽤 여러 명 합격했기 때문이었다. 이 직원은 "신입사원 교육에 갔더니 '재능보다 성실' 이라는 이랜드 스피릿을 가르치더라"며 "지방대학 출신이라는 콤플렉스가 일순 사라지고 '그래 열심히 한 번 해보자' 라는 의욕이 샘솟는 기분을 느꼈다."고 전했다.

이랜드 스피릿을 가르치기 위해 만들어 놓은 자료를 보면 이런 대목이 나온다.

"재능도 중요하지만 성실은 더욱 중요하다. 만약 이 둘이 공존하는 것이 힘들다면 회사 입장에서는 당연히 성실 쪽을 택할 수밖에 없다."

재능은 선천적으로 갖고 태어나는 능력이고 성실은 후천적으로 노력하는 능력이다. 그런데 성실은 신체적 정신적 노력이 필요하다. 독서 모임 참석을 위해 새벽같이 회사에 나오는 노력도 그런 맥락이다.

둘 다 '능력'이라면 그 중 더 가치 있는 것은 노력을 들여야 하는 '성실' 쪽이란 게 이랜드식 사고다. 권순문 이랜드건설 대표는 이랜드가 재능보다는 성실을 강조하는 이유에 대해 "최소한 성실한 이는 어떤 조직에서든 존재 의미를 찾을 수 있지만, 재능이 있다고 다른 노력을 하지 않는 사람, 이른바 게으른 천재는 갖고 있는 능력을 충분히 발휘할 수 있는 곳을 찾아주지 않으면 쓸모가 없어진다."며 "회사 입장에서는 개개의 인력을 적재적소에 배치해야 한다는 부담이 생기는데 어딜 가도 적응을 잘하는 직원을 뽑아 리스크를 줄이는 것이 회사 입장에서는 더 나은 방법이다."고 설명한 적이 있다.

성실의 조직화와 구조화

그렇다면 이랜드 직원들은 성실함을 현실 속에서 어떻게 실천하고 있을까. 이랜드는 직원들이 회사에 바치는 '성실'도 조직화하려 노력한다. 그에 대한 지침은 이랜드 스피릿의 세부 항목에서 찾을 수 있다. 성실은 가장 먼저 '시간 관리'에서부터 시작된다. 이랜드에서 '지각'은 직원으로서 가장 해서는 안 되는 일로 꼽힌다. 그 직원을 위해 마련해 놓은 회사 공간과 못 다한 업무에 대한 기회비용 등 갖가지 회사 자원을 낭비하는 행위로 인식되기 때문이다.

또한 이랜드에서의 성실은 '무조건 열심히 하기'를 의미하지는 않는다. 따라서 강조하는 것이 바로 '계획 세우기'다. 아울러 그 계획에 대한 평가도 중요하게 여겨진다. 평가한 내용은 다음 계획에 반드시 반영해야 한다. 이랜드 스피릿에는 이를 두고 '땀을 값지게 쓰는 일'이라고 설명하고 있다.

이 같은 성실의 '조직화'와 아울러 또 하나 중요한 것이 '구조화'다. 조직화가 '어떻게 성실해야 할 것인가?'에 대한 성실의 방법론을 담고 있다면 구조화란 '어디에 성실함을 쏟을 것인가?'를 알려주는 지침에 해당한다. 좀 더 특별한 의미를 부여한다면 '성실의 이용법'이라고나 할까. 우선 이랜드는 그 첫걸음으로 직원들에게 '관심을 가지라'고 요구한다. 자신의 일과 연관된 모든 사건에서 성실한 자세로 관심을 떼지 말라는 것이다. 이렇게 하다 보면 자칫 지나치기 쉬운 정보를 찾아내 유용하게 활용할 가능성이 높아지고 학습의 기회도 많아지기 때문에 업무의 능률을 높일 수 있다.

최근에 와서는 이렇게 꽉 짜인 학습 문화가 오히려 이랜드의 창조적인 경쟁력을 갉아 먹는 것 아니냐는 지적도 일부 나오고 있다. 오늘날 글로벌레이제이션 시대를 호흡해야 할 기업경영은 과거처럼 뭔가를 배워가며 해나갈 수 있는 기업을 뛰어 넘어 이미 남들이 가지 않은 길을 열어야 하는 블루오션 경영에 이르렀기 때문이다. 1%의 천재가 나머지 99%를 먹여 살린다는 말이 회자될 만큼 '재능 있는' 창조적 인재의 중요성이 더욱 강조되는 시대적 분위기도 이 같은 비판이 나오게 하는 원인이다. 그럼에도 불구하고 이랜드는 "기본으로 돌아가야 한다."는 쪽에 강조점을 두고 있다.

필자는 이랜드의 고집스런 경영 철학이 적어도 지금처럼 패션, 유통, 레저 사업이라는 세 축으로 계속 간다는 전제 하에서는 대체로 맞다고 생각한다. 이들 사업은 반도체와 IT산업과는 달리 어느 한 사람의 힘만으로 획기적인 도약을 창출하기 어려운 구조다. 스포츠로 말하자면 기록경기인 수영이나 육상이 아니라 단체경기인 축구와 비슷하다. 아무리 축구 천재인 '박주영'이라 할지라도 미드필더들의 패스를 받지 못하면 골을 넣기 힘들다. 그렇기 때문에 제 아무리 박주영이라도 패스를 받기 좋은 위치로 성실하게 움직이지 않으면 결정적인 찬스를 만들어내기 어렵다. 그런 면에서 이랜드는 여전히 '재능보다 성실'이란 금언이 통하는 회사다.

이랜드식 시간 가계부 작성하기

이랜드맨들이 성실함의 구조화로 나아가는 첫 걸음이 바로 시간 관리다. 하루 24시간, 일 년 365일은 모든 이에게 똑같이 주어진다. 하지만 이 시간 동안 뭘 했는지를 따져보면 다들 성과가 다르다. 부지런한 이에게는 하루가 굉장히 많은 일을 할 수 있는 시간이지만 게으른 이에게는 그저 눈 깜빡할 사이에 흘러가 버리는 시간일 수도 있다. 이 차이는 크게 두 가지 측면에서 생겨난다. 우선 얼마나 시간을 밀도 있게 썼느냐에 따라 다르고, 또 하나는 낭비되는 자투리 시간을 얼마나 줄였는가에 따라 사람마다 다르게 나타난다.

기본적인 품성이 성실한 데도 시간 관리를 잘 하지 못해 성과가 좋지 않은 사람은 다음과 같은 문제점을 갖고 있는 경우가 많다.

첫째, 계획을 세우는 시간이 너무 길고 일을 시작하기에 앞서 자꾸만 망설인다. 물론 확신을 갖고 일을 하려면 계획이 완벽해야겠지만 그렇다 할지라도 100% 처음 계획한 대로만 되는 일은 거의 없다. 더구나 할까 말까 망설이다가 타이밍을 놓쳐버리면 안 하는 게 나은 경우도 있다. 따라서 세부 실천 계획은 해나가면서 다소 수정한다는 기분으로 일단 일에 착수할 수 있는 방향으로 계획을 세워야 한다.

둘째, 기다리는 시간을 그냥 허공에 날려버린다. 스팸메일이 잔뜩

들어 있는 메일함을 한꺼번에 비울 때, 업무상 꼭 필요한 프리젠테이션 파일을 인터넷에서 내려 받을 때, 약속 장소에 일찍 도착해 거래처 사람이 오기를 기다리는 10~20분 정도. 이런 시간들을 알차게 활용하는 법을 연구해야만 성실함을 조직화할 수 있다. 예를 들어 PDA나 개인용 미디어플레이어 등에 외국어 강의가 담겨 있는 짧은 동영상이나 MP3 파일을 담아서 가지고 다니다 이런 자투리 시간에 듣는다던가, 아침에 신문을 그냥 빠르게 넘기며 읽다가 자세히 살펴보고 싶은 부분을 찢어서 잠깐 기다려야 하는 일이 있을 때 챙겨보는 것도 자투리 시간을 잘 활용하는 좋은 방법이다.

마지막으로 일하는 것도 아니고 쉬는 것도 아닌 시간이 많다는 점이다. 일해야 하면 집중해서 일에만 몰두하고, 쉴 때는 확실하게 손을 놓고 쉬는 게 중요하다. 일하는 것도 아니고 쉬는 것도 아닌 시간으로 대표적인 게 회사 퇴근 시간 무렵이다. 우리 주위엔 상사보다 일찍 퇴근하기 힘든 회사 문화 때문에 주어진 일을 다 마쳤음에도 그냥 앉아 있어야 하는 직원들을 꽤 많이 보게 된다. 만약 그 같은 상황을 피하기 어렵다면 상사가 퇴근하길 기다리는 시간에만 집중적으로 할 일을 만들어 놓는 것도 어정쩡한 시간을 잘 활용하는 좋은 방법이다. 인터넷을 뒤져 다음날 업무상 미팅에서 분위기를 부드럽게 푸는데 도움이 되는 유머를 미리 찾아 둔다거나, 비슷한 업종 사람들끼리 모였을 때 이슈가 될 만한 주제에 대해 보다 깊이 있는 리서치를 하는 것은 어떨까.

이처럼 어쩔 수 없이 생겨난 자투리 시간을 어떻게든 활용할 수 있는 방법을 미리 구상해 두는 노력이 이랜드식 '성실함의 조직화'에 속한다. 그런데 자투리 시간을 잘 활용하기에 앞서 아예 이런 시간이 생기지 않도록 하는 것이 최선이다. 약속에 늦는 사람이나 정시퇴근을 하지 않는 상사처럼 타의에 의해 생기는 자투리 시간은 어쩔 수 없다 쳐도 최소한 자신의 허술함으로 일하는 것도 아니고 쉬는 것도 아닌 시간이 발생하는 것은 막아야 한다는 얘기다.

시간을 조직화, 구조화하기 위해 시간 사용도 돈처럼 가계부에 기록해 볼 것을 권한다. 이랜드 직원들이 많이 응용하는 방식인데, 기록법은 아주 간단하면서도 효과는 기대 이상이다.

▶ 이랜드 직원들이 자주 사용하는 시간 대차대조표

일 시	장 소	업무분류	내 용	소요시간
2008년 *월 *일	사무실	기본업무	송장 작성	24분
	식당	휴식	휴식	18분
	헬스클럽	추가업무	빠르게 걷기	40분

업무분류는 자신의 직업과 관계된 기본업무와 직업과는 직접적인 연관이 없는 다른 성취를 얻기 위한 일을 추가업무, 사람을 사귀는 일을 사교업무, 즐거움과 편안함을 위한 활동을 휴식 등으로 나눌 수 있다. 마치 가계부의 지출 항목을 연상시킨다. 이렇게 해서 저녁에 하루 일과를 정리하면서 업무분류별로 시간을 집계해 본다.

"나는 오늘 기본업무에 6시간 30분을 투자했고, 추가업무에 2시간, 사교는 없었고, 잠을 포함한 휴식에 ~"하는 식으로 정리를 해본다는 얘기다.

　이렇게 가계부에 기록된 시간을 모두 더해 24시간에서 빼면 어떤 '항목'에도 잡히지 않는 '자투리 시간'이 얼마나 됐는지 정확히 알 수 있다. 이렇게 점검해 나가면서 자투리 시간을 줄이기 위한 노력을 하면 시간을 효율적으로 쓸 수 있게 된다.

　이렇게 시간의 대차대조표를 만들어 보는 동안 하루하루를 반성하는 계기로도 삼을 수 있어 일석이조다. 주말에는 한 주간을 결산해 보고 월말에도 한 달 결산을 한다. 그렇게 해 나가다보면 자신이 1년에 기본업무에 몇 %, 추가업무에 몇 % 하는 식으로 시간을 어디에 투자했는지를 한 눈에 살펴볼 수 있게 된다. 물론 분류 항목은 자신의 삶의 특성에 따라 추가로 나눌 수 있지만 너무 세분화하면 기록과 결산이 모두 번거로워지는 문제가 있다는 걸 생각해야 한다. 시간 관리법을 알려주는 교양서를 읽는 것보다, 꼼꼼히 기록할 수 있는 다이어리를 구입하는 것보다 더욱 중요한 것은 자신의 시간과 노력을 조직적으로 구조화해서 관리하겠다는 의지다. 아무리 좋은 도구라도 자신이 그것을 활용할 수 있어야지, 그 도구의 노예가 되어선 곤란하다. '재능보다는 성실'이라는 이랜드 스피릿의 이면에 깔려 있는 조직화, 구조화의 개념을 이해해야만 자기 주도적인 시간 관리를 할 수 있을 것이다.

6
소비자를 기쁘게 하는 '상인정신'

　이랜드 스피릿에서 '상인정신'은 소비자를 기쁘게 하려는 마음가짐으로 설명된다. 박성수 회장은 젊은이들을 대상으로 한 어느 강연에서 이랜드의 성공 비결을 바로 그 '상인정신'과 연결 지어 다음과 같이 소개한 바 있다.

　"저는 성공한 만큼 실패한 경우도 많았습니다. 그런데 실패한 경우에는 공통점이 있다는 것을 알게 됐습니다. 단순히 돈을 벌려는 목적이 우선한 경우 대부분 실패를 한 반면 고객의 불편을 발견하고 이를 해소하기 위해 비즈니스를 한 경우에는 대부분 성공의 결과를 낳았습니다. 고객은 누구나 이기적입니다. 그래서 사업을 하는 사람은 가능한 이타적 공급자가 되어야만 성공할 수 있습니다."

박 회장은 이 강연에서 소비자를 기쁘게 해서 성공한 사례로 5000원에 커트를 해주는 남성 전용 이발소의 사례를 소개했다. 그는 지난 20년 간 이발할 때가 되면 어디로 가야 하나 고민했다고 한다. 이발할 곳이 마땅치 않아서다. 미장원이 깔끔해 보였지만 여성들 틈에 끼어 거북하게 머리를 자르는 것이 영 싫고 그리 위생적이어 보이지 않는 낡은 이발소를 이용할 수밖에 없었다고 한다. 그러다 어느 날 우연히 한 남성 전용 이발 체인점에서 이발을 하고는 이용객을 진심으로 배려해 주는 '이타적 공급자'의 진정한 모습을 보고 반했다고 한다. 박 회장은 당시 이용했던 남성 전용 이발 체인점에 대해 "깨끗하고 빠르게 머리를 깎아주는 데다 뒷머리를 거울로 비춰주며 고칠 곳이 없는지 확인까지 해주는 서비스에 반했다."고 하면서 "이런 게 고객의 불편을 발견해 가치를 공급하는 이타적 기업의 모델" 이라고 강조한 적이 있다.

기업의 존재 이유에 대한 성찰

이윤을 내지 못하는 기업은 생존할 수 없다는 게 자본주의의 기본 원리다. 하지만 이랜드는 이 원리를 반대로 새기고 있다. "고객에게 '가치'를 돌려주지 못하는 기업은 생존할 이유가 없다."는 것이다. 이 같은 생각은 이랜드 스피릿에도 잘 나타나 있다. 우선 앞서 소개한 '남 중심적 사고'에서다. 상대방의 유익을, 상대방의 입장에서 생각하라는 말이 대표적이다. '상인정신' 항목을 보면 아주 구체적인 지침까지 자세하게 열거해 놨다.

이랜드 스피릿 중 '상인정신'은 한마디로 이랜드라는 기업이 있어야 하는 이유에 대한 '존재론적 성찰'이다. 이랜드 직원들은 "기업은 고객을 위해 운영돼야 한다."고 입버릇처럼 말한다. 기업하는 목적이 자선사업이 아닐 바에야 최대한의 이윤을 추구하는 것은 당연한 일이지만 그것이 생산원가에 적당한 이문을 붙여 파는 일에 그쳐서는 안 된다는 게 이랜드식 사고의 출발점이다. 같은 이윤을 내면서도 소비자들에게 더 많은 기쁨을 안겨주는 기업이라야 존재할 가치가 있다는 얘기다.

이랜드가 이윤 내기를 포기했다고 말하려는 건 아니다. 다만 이윤을 내되 다른 기업이 고객에게 하는 것보다 상대적으로 더 큰 기쁨을 안겨준 대가로 돈을 벌겠다는 것이다. 이런 회사가 오래 살아남는 것은 당연하다. 지금에야 '고객 만족'이 당연하게 여겨지지만 1980년대에 벌써 이 같은 개념을 경영에 도입한 기업은 그리 많지 않았다.

저가 정책? '가치 가격' 정책!

이랜드가 보세 매장에서 기업화의 길을 갈 때 '고객에게 기쁨을 주는 수단'으로 가장 먼저 채택한 것은 가격이었다. 외부에서 이랜드의 사례를 말할 때 흔히 '저가 정책'을 성공의 비결로 거론하는 경우가 많다. 하지만 이랜드의 가격 전략은 일반 마케팅 서적에서 언급되는 '박리다매 전략'과는 다소 차이가 있다.

우리의 일상적 경제 활동의 대부분은 '값을 치르고 상품을 얻는 과정'이다. 그렇기에 어딜 가든 우리는 '가격'과 만날 수밖에 없다. 그런데 같은 상품이라고 해서 항상 가격이 똑같지는 않다. 예를 들어 서울에선 주변의 아무 편의점에나 들어가면 500원을 내고 살 수 있는 500ml 생수 한 병이 사막 한 가운데 길을 잃고 홀로 남겨진 이에겐 500만원을 내고서라도 꼭 갖고 싶은 긴요한 상품이 아닐 수 없다. 상품이든 용역이든 소비자 입장에서 생각할 때 그것의 적정 가격은 상품의 품질과 함께 소비자가 처한 상황에 따라 각각 다르게 결정될 수 있다는 얘기다.

대개의 기업들은 신규 시장에 진출하려 할 때 대부분 두 가지 전략 중에서 하나를 선택하게 된다. 하나는 스키밍 전략(skimming pricing)이고, 다른 하나는 페네트레이션 전략(penetration pricing)이다.

스키밍 전략이란 의도적으로 '고가 정책'을 쓰는 것을 말한다. 처음부터 제품에 높은 가격을 매겨 그만한 값을 지불할 의사를 가진 소비자를 공략하는 전략이다. 여기서 얻어 낸 큰 이익으로 우선 신상품의 수지타산을 맞춰 나가다가 시장의 성장 여하에 따라 가격을 조정해 대응하는 방식이다. 이 전략은 팔려는 상품이 기존에 존재하지 않던 혁신적인 것일 때 택할 수 있게 된다. 고가라는 사실로 '명품'이라는 코드를 부여해 생소한 제품에 대한 소비자의 낮은 신뢰를 극복하는 효과를 얻고자 하는 마케팅 방법 중의 하나이다.

반대로 페네트레이션 전략은 우리말로 '침투가격 전략'쯤으로 해석될 수 있는 판매 방법이다. 이 전략은 시장에 우선 끼어들어가는 것(침투)을 목표로 저가 정책을 취하는 것을 뜻한다. 우리나라에선 전통적으로 '박리다매 전략'으로 소개되는 마케팅 방법이다. 제품 차별화가 심하지 않은 시장에서 최대한 빨리 점유율을 높이기 위해 사용하는 전법이 바로 저가 정책이다. 보세옷 가게 '잉글런드'의 사업을 기업형으로 확장하면서 1986년 (주)이랜드가 법인으로 첫 출발을 한 이후 시장에 빨리 안착할 수 있었던 것은 역시 '저가'라는 매력이 크게 작용했다. 그런 의미에서 이랜드의 시장 진입 전략을 페네트레이션의 관점에서 분석하는 것도 가능한 일이다.

기업들은 보통 가격을 매길 때 다양한 방법을 사용한다. 가격 '전략'과는 별도로 '방법'의 측면에서 봤을 때 우선 평균 원가에 일정액의 이윤을 붙이는 방법이 있다. 이를 원가계산법(cost-plus)이라고 한다. 이 방법을 적용하면 단 한 벌의 옷만을 팔더라도 회사에는 이윤이 생기게 된다. 하지만 이는 재고 부담을 고려하지 않는다는 약점이 있다. 그래서 등장한 것이 '손익분기분석법(목표이익법)'이다. 한 종류의 품목에서 수익과 비용이 같아지는 판매량을 정해 놓고 이보다 더 많이 팔면 무조건 남도록 설계하는 것이다. 보통 의류업종은 이 방법을 많이 쓴다. 백화점과 패션업체 매장들이 일제히 세일에 들어가는 시점이 바로 이 손익분기점을 넘기는 순간이다. 그전 판매분에서 이른바 '똔똔'을 맞췄기에 그때부터 파는 것은 아무리 싸게 팔아도 매출액만큼 고스란히 회사 이윤으로 남는다는 이치다.

'원가계산법'와 '손익분기분석법'은 매우 보수적인 가격 책정법에 속한다. 물건을 만드는데 들어가는 원가가 일정 수준에서 굳어져 더 이상의 혁신이나 비용절감 요소가 덜한 성숙기의 회사들이 주로 쓰는 것도 그 때문이다. 이보다 적극적인 가격책정법으로는 '시장가격법(going-pricing)'과 '심리가격법(psychological pricing)'이 있다. 원가가 얼마이든 불문하고 경쟁사 제품의 평균 가격에 맞춰 값을 매기는 것이 전자에 해당된다. 심리가격법은 고객의 머릿속에서 관습으로 굳어진(예컨대 껌은 500원이라는 등의) 가격이 있을 경우 가격을 불변으로 정해두고 원료투입량이나 제품의 크기, 중량 등을 거기에 끼워 맞춰서 정하는 방법이다.

하지만 이랜드는 위의 방법과는 다소 다른 차원에서 제품가격을 매겼다. 단지 이랜드가 위와 같은 방법으로 가격을 매겨 시장을 장악해 나갔다면 굳이 이랜드식 판매방법을 따로 소개할 필요가 없다. 마케팅 교과서에나 나올 법한 가격 책정 기법들을 장황하게 소개하는 것은 이랜드만의 독특한 가격매김법에 대한 독자들의 이해를 돕기 위해서다.

소비자의 '이기심'을 위해 뛰어라

이랜드는 앞서의 가격정책과는 전혀 다른 차별화된 이랜드형 저가정책이 시장에 먹혀들어서 오늘의 괄목할만한 성과를 거두었다. 이랜드형 저가정책의 시행과정은 이렇다.

이랜드 패션 브랜드들이 옷값을 매기는 방법은 위의 가격 매기는 방식과 비슷하면서도 조금씩 차이를 가진다. 1986년 처음 이랜드가 프랜차이즈 사업에 나설 당시 의류시장은 크게 백화점 브랜드 옷 시장과 보세 또는 시장옷 시장으로 양분됐다. 우선 성숙기에 접어들어야 구사할 수 있는 원가계산법과 손익분기분석법은 갓 출발한 이랜드에겐 '언감생심'의 영역에 있는 기법이다. 그렇다면 '시장가격법'을 고려할만 했다. 앞서 가고 있는 브랜드들이 매기는 가격과 대충 비슷하게 책정하거나 조금 낮게 해서 고객을 끌어오는 방법 말이다.

하지만 문제는 양분된 시장이었다. 이랜드는 처음엔 보세로 출발했지만 차츰 시간이 흐를수록 이랜드, 헌트, 브렌따노 등 소위 '브랜드'를 도입했다. 그때부터 이랜드가 일반적인 마케팅 방법을 구사하기 위해서는 백화점옷 시장에 끼어들었어야 했다. 하지만 이랜드 사람들이 판단하기에 백화점옷 시장은 거품이 너무 많았다. 하지만 이랜드는 품질 좋은 옷을 입고 싶은 대다수 소비자들의 '소망'을 높은 가격이라는 '절망'으로 바꿔 놓는 백화점옷 가격을 쫓아가고 싶지는 않았다. 그렇다고 보세옷 시장에 머무르는 것도 이랜드가 기업화로 도약하는 시기에 맞는 기업전략이라고 볼 수 없었다. "값싼 옷을 값싸게 파는 게 소비자들에게 무슨 기쁨을 줄 수 있겠는가?"라는 게 당시 이랜드맨들의 생각이었다. 소비자들은 백화점옷처럼 품질 좋은 물건을 보세옷 가격에 사고 싶어 했다. 현재 각각 양분돼 형성된 시장 가격의 대세를 고려하면 이 같은 소비자의 생각은 시장 상황을 무시한 '이기심'이라고도 해석할 수 있다. 하지만 이랜드는 이 같은 '이기심'을 충족시켜 주는 게 기업의 의무라고 생각했다. 따라서 이랜드는 종래 의류업계가 즐겨 사용하던 단순한 '시장가격법'이나 가격에 맞춰 품질을 떨어뜨려야 하는 '심리가격법'에 이랜드 의류 가격을 맞추고 싶지 않았다.

그래서 생각해 낸 것이 바로 소비자가 갖고 있는 이기심에 가격을 맞춰보자는 것이었다. 가격을 매길 때 고려되는 두 가지 변수인 가격과 품질을 각각 '가격=보세옷값', '품질=백화점옷 수준'이라고 '불변함수'로 고정시켜 버린 것이다. 얼핏 불가능해 보이는 목표를 달성하기 위해서 이랜드맨들은 새벽 시간을 회사에 반납했다. 관리 부담이 큰 자체 생산시설은 아예 회사에 두지 않고 디자인에만 회사 역량을 집중시켰다. 믿을만한 납품업체를 찾기 위해 그야말로 '땅 끝까지' 갔다. 싸고 질 좋은 제품을 공급할 능력이 있는 업체에는 주문량을 갈수록 늘려 전용 공장화하고 대금은 전액 현금으로 결제했다. 납품업체들은 어음을 돌리느라 새나가는 돈을 절약해 공급가를 낮춰주는 것으로 화답했다.

소비자가 품질에 비해 저렴한 가격에 만족하는 것은 당연한 일이었다. 이랜드는 이 같은 가격 책정법을 '가치 가격법(value pricing)'이라고 이름 붙였다. 제품의 효용 가치를 고려해 소비자가 기꺼이 지불할 수 있는 수준에 가격을 맞추고 나머지 비용은 혁신을 통해 절감하는 기법이다. 이것이야말로 이랜드 스피릿에서 강조하는 '상인정신'을 충실히 실천하는 일이었다. 그 뒤 많은 패션업체들이 이랜드의 저가 정책을 모방해 '옷값에 거품을 빼는' 일에 대거 동참하게 됐다. 그러나 후발 경쟁업체들(유니온베이, 니코보코 등)이 이랜드의 아성을 결국 뛰어 넘지 못하고 흔적도 없이 사라진 것은 이랜드식 가치가격 정책을 가능케 하는 원가절감 비법을 제대로 알지 못했기 때문이다.

이는 전략적 사고 없이 단순히 '뼈를 깎는' 원가 절감으로 이랜드의 길을 갈 수 있으리라 믿은 데서 오는 오산이었다. 이랜드 스피릿의 상인정신과 절약정신 항목에는 원가 절감에 대한 전략적 판단법이 상세히 언급되고 또 중요한 개념으로 강조되고 있다. 내용을 보면 핵심은 바로 '비용 절약 때문에 기회이익을 포기하는 일은 없어야 한다'는 원칙이다. 추상적인 용어 설명으로는 개념 잡기가 쉽지 않기에 이와 관련한 직원 내부 교육 자료에서 '출장비 아끼는 법'을 소개한 부분을 예로 들어본다.

"교통수단으로 기차를 이용하면 현지에서 1박을 해야 한다. 그러나 비행기를 타면 당일 돌아오는 것이 가능하다. 그렇다면 어떤 방법을 취하는 것이 가장 효과적인 방법일까? 고려 요소는 세 가지다. 첫째, '기차삯+숙박료'와 '비행기삯'을 비교해 어느 쪽이 더 싼가. 둘째, 당일 복귀했을 때 처리할 수 있었는데 1박을 해서 하지 못한 업무가 있다면 그것의 기회비용은 얼마나 되는가. 마지막으로 만약 비행기를 타는 것이 여러 모로 이익이라는 판단이 서더라도 한 번 비행기를 이용하기 시작하면 편하다는 생각에 그럴 필요가 없는 데도 늘 비행기를 이용하는 습관이 생길 염려는 없는가.

따라서 이런 요소를 종합적으로 고려해 장·단기적으로 비용을 절감할 수 있는 길을 택하는 것이 바로 상인이 가져야 할 절약 정신이다."

성공하는 사업을 위한 이랜드 식으로 실천하기 ⑦

이랜드식 거꾸로 가격 전략

　인도 타타자동차의 235만원(2500달러)짜리 자동차, 에어비타의 7만 9000원짜리 공기청정기, 9900원짜리 MP3 플레이어…. 이들의 공통점은 바로 '명품'만이 먹힌다는 프리미엄 마케팅 시대에 '저가 제품'으로 대박을 터트린 사례들이라는 것이다. 1980년대에나 통할 줄 알았던 이랜드식 '가치가격 전략'이 21세기 들어서 보다 업그레이드된 모습으로 세계 시장을 강타하고 있는 것이다.
　다시 한 번 정리하자면 가치가격 전략이란 소비자가 기꺼이 지갑을 열만한 목표가격을 먼저 설정한 뒤 거기에 맞춰 제품과 서비스를 구성하는 방식이다. 만약 당신의 브랜드가 아직 목표 시장에서 소비자의 신뢰를 구축하지 못한 상태라면 꽤 쓸 만한 마케팅 전략이 아니겠는가.
　시장에 나오는 상품이 갈수록 다양해지면서 소비자들은 점점 더 '자신이 선택한 제품이 잘못 선택한 제품은 아닐까?'하는 잠재적인 '리스크'에 대한 부담이 커지게 된다. 이때 대개 소비자들은 이 리스크를 최대한 회피하기 위해 소수의 '파워 브랜드'를 선택하게 된다. 최상의 선택은 아닐 수 있지만 적어도 안전한 즉 최악은 아닌 선택이 될 수 있기 때문이다.

그러나 가끔씩은 극단적으로 낮은 가격을 채택한 제품 쪽으로 손길이 가는 경우도 있다. 리스크를 줄일 수 없다면 차라리 거기에 들어가는 비용을 줄인다는 얘기다. 최근 용산전자상가에서 중국산 DVD플레이어 가격이 1만8000원까지 내려가자 마치 인스턴트식품을 구입하듯 이 저가 플레이어를 사는 사람이 늘었다고 한다. 극단적으로 낮은 가격으로 인해 준내구재격인 제품 성격이 한번 쓰다 버리는 단순소비재로 바꿔버렸다는 해석이 가능하다.

이처럼 목표 가격부터 정하고 들어가는 '거꾸로 전략'에 상상력과 창의력을 더한 제품들이 쏟아져 나오고 있다. '극한 원가(extreme cost)'에 도전하는 기업들이 속속 생겨나고 하나의 비즈니스 트렌드로까지 자리 잡고 있는 것이다.

인도의 타타자동차가 대표적인 예다.

이 회사는 200만원대 초저가 자동차 개발 계획을 내놔 업계의 주목을 받았다. 인도 내 소형차 시장의 경쟁사인 마루티-스즈키사는 "희대의 사기꾼들이 모여 종이로 만들지 않는다면 470만 원 이하의 차는 불가능하다"는 식의 야유를 던지기도 했다. 하지만 타타자동차는 2008년 초 신차 '나노'를 마루티-스즈키사가 명시한 하한선의 절반 가격(2500달러)에 판매해 인도 뿐 아니라 전 세계 자동차 회사들을 놀라게 했다. 세계의 놀람과 항간의 걱정과는 달리 나노는 지금도 잘 굴러간다.

당시 타타의 경영진은 미리 원가를 따져 보고 이런 가격을 제시한

게 아니었다. 그들은 먼저 인도 중산층의 소득을 분석했고, 그들이 브랜드 가치에서 밀리더라도 기꺼이 선택할 수 있는 '목표 가격'이 얼마인지를 정한 뒤 여기에 적정 이윤을 보탤 수 있는 방법을 미리 찾아서 자동차의 원가를 꿰맞췄다. 나노에 라디오나 에어컨, 파워윈도 같은 건 달지 않았다. 사이드미러도 운전석 쪽에 한 개만 부착했다. 직사광선을 막아 주는 차양판(sun visor) 역시 운전석에만 달았다.

BBT의 저가 MP3플레이어도 비슷한 전략으로 대박을 터트렸다. 9900원짜리 MP3 플레이어가 그것이다. 9900원을 매긴 이유는 간단했다. 중국산 MP3플레이어가 1만~2만원대의 가격을 형성하고 있으니 이들도 도저히 따라올 수 없는 가격으로 하려면 9900원에 맞춰야 한다는 것이었다.

중국산은 품질이 형편없었지만 BBT는 가격이 싸면서도 성능은 괜찮은 물건을 9900원에 맞춰 만들 방법을 찾기 시작했다. BBT는 결국 메모리카드, 이어폰, 목걸이 등을 넣지 않기로 했다. 이미 소비자들이 한두 개 보유하고 있어 굳이 넣지 않아도 될 것으로 믿었기 때문이다. 대신 가격을 낮췄다. 집에서 쓸모가 없어 굴러다니던 메모리와 이어폰만 있으면 9900원으로 최신형 국산 MP3플레이어를 살 수 있다는 매력에 BBT는 날개돋힌 듯 팔려나갔다.

가치가격 전략이 성공하기 위해서는 과거 관행에 집착하지 않는 창조적인 발상이 필요하다. 기존 제품이 갖고 있는 구성요소를 전혀 고려하지 않고 모든 것을 백지 상태에서 재검토해 가면서 목표 가격에 맞추는 방법을 찾아야 한다는 것이다. 현대인들은 복잡한 것을 싫어한다. 이 점은 가치가격을 추구하는 이들에게는 복음과도 같다. 원가를 낮추면서 대신 조작은 보다 간편하게, 구성요소는 최대한 없애면서 사용은 편리하게 만들기만 하면 제품은 팔릴 수 있다는 것이 가치가격을 추구하는 제품 생산업자들의 한결같은 주장이었다.

또 원가를 낮추면서 고려해야 할 점은 장점 하나를 잃으면 다른 하나를 얻도록 설계해야 한다는 것이다. 타타자동차는 자동차 조립에 볼트와 너트 대신 접착제를 사용했다. 물론 원가를 줄이기 위해서다. 그런데 이렇게 하면 당연히 자동차의 내구성은 떨어진다. 반면 무게가 줄어 연비가 개선된다. 기름값이 덜 든다는 얘기다. 이렇게 고객에게 하나를 빼앗아오는 대신 다른 하나를 얹어줄 수 있는 원가절감법을 찾는 게 가치가격 전략 성공의 관건이다.

7
모든 일을 신의 눈앞에서 하는 것처럼

이랜드 스피릿 중에는 이랜드 그룹의 직원 대부분이 기독교인이었던 시절의 유산이 남아 있다. '하나님 중심, 믿음 중심, 말씀 중심' 이라는 항목이 그것이다. 박성수 회장은 사업을 시작하면서 '내 사업의 첫 번째 목적은 하나님의 뜻을 이루는 것' 이라고 했다. 이 때문에 이랜드는 지금껏 이와 관련된 여러 가지 오해에 시달리고 있다. 박 회장의 말을 '사업의 목적이 포교에 있다' 라는 식으로 곡해한 까닭이다.

이랜드 기업문화에 남아 있는 일부 기독교적 사고방식이 오해를 불러일으킬 소지가 있다는 점은 필자도 충분히 공감한다. 하지만 이랜드의 성공 비결을 살피기 위해서는 기독교인으로서의 종교적 신념과 기독교의 윤리 규범을 분리해서 보는 시각이 필요하다. 기독교 윤리 중 일부는 '기업 윤리' 로도 손색이 없을 뿐 아니라 기업이 성공에 이르게 하는 훌륭한 가르침도 꽤 많다. 초창기 기독교인들을 중심으로 뭉친 이랜드가 이 같은 '윤리 규범'을 엄격히 지킴으로써 성공을 거둔 좋은 사례다.

'하나님 중심, 믿음 중심, 말씀 중심'이라는 항목에 대한 상세 설명에는 '모든 일을 하나님 면전에서 하는 것처럼 하라(히브리어로 Coram Deo)'는 내용이 있다. '사람을 두려워 말고 하나님을 두려워하라'는 가르침도 이 대목에서 강조되는 구절이다. 이러한 성경 말씀을 이랜드는 기업 활동을 함에 있어서 부정 불의와 타협해서는 안 된다는 식의 실천적 규범으로 현실에 적용했다. 이랜드가 다른 기업에 비해 직원들의 개인 비리가 적은 것은 이 같은 이념에 힘입은 바 크다. 어떤 기업이든 경영에 있어서의 최소한의 윤리는 필요하다. 사회 공헌 활동도 해야 한다. '우리는 쓰기 위해서 번다'는 이랜드의 경영이념은 사회 공헌 활동을 향한 창업주의 의지를 담은 것이다. 이랜드는 이 같은 기업의 책무를 '하나님이 내려준 의무'로 받아들이고 실천한다. 기독교 정신이 기업을 건전한 방향으로 이끌어 가는 데 영향을 준 것이다.

이러한 기독교 정신은 기업의 경쟁력 향상에도 도움이 됐다. 이랜드에선 기독교에서 강조하는 '달란트 의식'을 갖도록 직원들에게 요구한다. 이는 누구나 하나님으로부터 일정한 '달란트(재능)'을 갖고 태어난다는 것을 전제로 한다. 무능한 사람은 없다는 얘기다. 이런 생각은 이랜드맨들에게 '나도 할 수 있다'는 자신감으로 이어지는 한편 각자의 능력 차이를 인정하는 것으로까지 연결된다. 다들 받아가지고 태어난 달란트가 다르기에 그 차이를 인정하고 인재를 적재적소에 배치해야 한다는 것이다.

그럼에도 불구하고 기독교에 대한 일각의 부정적인 인식은 이랜드의 괄목할만한 성장과 맞물리면서 수많은 오해를 불러일으키고 있다. 2007년을 휩쓴 비정규직 사태의 소용돌이 속에서 이랜드가 노동계의 집중적인 표적이 된 것도 기독교와 관련이 있다는 시각이 지배적이다. 우선 이랜드를 공격하면 기독교에 대한 거부감에 편승해 쉽게 여론의 지지를 이끌어 낼 수 있으리라는 것이 당시 노동계가 노리던 포석이었다. 노조측이 회사가 연간 이익의 10분의1인 약 100억~130억원의 재원을 사회공헌에 사용하는 것을 두고 마치 '비정규직을 착취해 교회에 갖다 바친다' 는 식으로 매도한 것도 같은 맥락에서 시도된 노조측의 전략의 하나였다.

또 하나는 이랜드가 불법과 불의에 대해 철저하게 '비타협적인' 대응을 한다는 점도 빌미가 됐다. 물론 무엇이 불법이고 무엇이 불의인가에 대해서는 양측의 생각이 다를 수 있다. 다만 이랜드의 그와 같은 태도는 비정규직 사태를 최대한 장기화시켜 여론의 주목을 끌어야 하는 노동계의 입장에서 보면 '딱 걸렸다' 싶을 정도로 노동계의 안성맞춤의 상대였다는 것이다.

그렇다면 실제 이랜드는 기독교적 도그마에 사로잡혀 타 종교에 대한 관용이 없는 회사일까. 이랜드와 관련해서 회자되는 오해와 진실을 모아봤다.

이랜드와 기독교에 관한 7가지 오해와 진실

오해 1〉 이랜드는 기독교인들만 뽑는다.
진실〉 입사와 승진 등에서 종교에 따른 인사상 차별은 전혀 두지 않는다. 현재 이랜드 직원의 절반 이상은 기독교와 무관(타종교 또는 종교 없음)하며 임원과 과장 이상 간부급 직원 가운데에도 기독교가 아닌 사람이 다수를 차지하고 있다.

오해 2〉 이랜드에서 승진하려면 교회에 다녀야 한다.
진실〉 종교적 공통분모를 갖고 함께했던 회사 초창기 창업 멤버들은 기독교에 바탕을 둔 종교적 신념이 강한 이들이었던 게 사실이다. 그러나 이랜드 그룹이 1984년부터 공채를 시작한 이래 비기독교인의 유입이 시작됐으며 1990년대 급속 성장기에는 대규모 채용이 진행된 이래 종교에 대한 부분은 여타의 직장과 전혀 다를 바 없는 분위기를 유지하고 있다. 능력이 떨어지는 이를 교회에 출석한다고 해서 승진시켰다면 지금의 성공은 이루기 힘들었을 것이다.

오해3〉 회사에서 종교 활동을 억지로 시킨다.
진실〉 기독교적 가치관을 뿌리로 삼고 있기 때문에 다른 기업에 비해 기독교문화가 많이 남아 있는 것은 사실이다. 또한 기업을 영위하는 데 필요한 기본적인 윤리 기준을 정립하는 데 기독교적 가치관이 상당 부분 영향을 준 것도 맞다. 하지만 구성원들의 종교 자유는 헌법이 보장한 기본권으로 이랜드는 이를 철저히 지키고 있다는 설명이다. 이랜드 그룹 내에서 기독교 신앙을 갖고 있는 직원들은 종교인으로서 스스로 바르게 살아가는 것을 통해 비신자들을 감동·감화시킬 수 있다고 믿는다. 강요에 의한 종교 활동은 오히려 비신자들을 기독교로부터 멀어지게 하는 경우가 많다는 점을 너무나 잘 알고 있다는 얘기다.
이랜드 계열사들 중에는 회사 차원에서 진행되는 기본적인 종교 프로그램을 몇 가지 갖고 있는 경우도 있으나 여기에 참석할 지 여부는 오로지 개인의 자유의지에 맡기고 있다. 예컨대 월요일 아침에 열리는 채플 형태의 '월요모임'이나 매일 아침 30여 분간의 '묵상 시간' 등은 공식 업무 시작 전에 시간이 잡혀 있어 참여를 원하는 직원들은 조금 일찍 출근해 참석하고, 참여를 원치 않는 직원들은 보통의 일과 시간(9시) 전까지만 출근해 고유의 업무를 시작하면 된다. 이랜드는 특히 뉴코아, 홈에버(옛 까르푸), 네티션닷컴 등 인수합병(M&A)한 기업에 대해서는 종교 관련 정책을 더 조심스럽게 집행하기 때문에 기독교적 색채로 인한 문화충돌은 거의 발생하고 있지 않다는 게 해당 업체 직원들의 증언이다.

오해4〉 이랜드 계열 패션 브랜드 대리점들은 주변 교회에서 다 팔아 준다.
진실〉 전혀 사실과 다르다. 이런 오해를 갖고 있는 이들 중 일부는 일요일에 이랜드 계열 매장이 교인들을 상대로 영업한다며 본사로 신고를 해오기도 한다. 이랜드는 과거 일요일 휴무를 원칙으로 가맹점을 개설해 줬다. 하지만 현재는 일요일 영업 여부를 가맹점 사장들에게 전적으로 맡기고 있기 때문에 회사에서 일요 영업 중단을 강제할 수도 없고, 해서도 안 된다고 인식하는 상황이다. 매장 사장들 가운데 종교적 이유나 개인적 사유로 일요일 휴무를 원하면 자유롭게 쉴 수 있다는 점은 여타 브랜드 매장과 다른 점이다. 다만 아직도 회사가 직영하는 매장, 계열 유통 점포(2001아울렛 등)는 일요 영업을 하지 않는다.

오해5〉 박성수 회장은 회사 돈으로 교회에 헌금을 한다.
진실〉 이랜드그룹이 이랜드복지재단 등을 통해 기업 이윤의 사회 환원 활동을 적극적으로 하는 것을 잘못 이해해 이 같은 루머가 퍼진 것으로 보고 있다. 이랜드는 회사 초창기부터 사회공헌에 각별한 관심과 노력을 기울여 왔다. 1990년대 초반에 이미 그룹 산하 복지재단 등 사회 공헌 창구를 설립해 체계적인 활동을 하고 있다. 2002년 박성수 회장이 이익의 10%를 사회에 환원하겠다고 약속한 이후부터는 매년 100억~150억 원 규모의 기금을 쌓아 사회공헌에 사용해 오고 있다. 이는 주로 국내외 재해복구 및 난민지원, 북한 아동돕기, 복지시설지원, 장학지원 등 다양한 루트를 통해 소외 계층과 고통 받는 이들을 위해 사용되고 있다. 이랜드의 성공을 질투해 음해하려는 이들은 종종 이 같은 활동을 마치 회장 개인이 특정교회에 헌금하는 것처럼 왜곡 선전하는 경우가 있었다.

오해6〉 이랜드의 사회공헌활동은 포교를 위한 것이다.
진실〉 이랜드재단, 이랜드복지재단, 아시안미션 등 3개 그룹 산하 사회공헌 조직은 매년 100억 원 대의 돈을 복지시설 물품 지원, 장학사업, 북한지원사업, 제3세계 아동 결연 사업 등에 쓰고 있다. 이런 사업들에는 '사랑의 실천'이라는 기독교적 가치관을 충실하게 따르려는 이랜드 구성원들의 노력이 반영됐을 수 있지만, 그렇다고 이 같은 활동의 실제 진행과정에서 직접적으로 종교가 결부되는 일은 전혀 없다. (☞2장 7절 참조)

오해7〉 회사에 휴게실은 없고 기도실만 있다.

진실〉 이랜드 그룹은 1990년대 초반부터 회사 규모에 따른 근로기준법상 의무 조항이 아님에도 불구하고 직원들의 건강과 복리후생을 위해 사옥 안에 별도의 의무실(지금은 건강관리실로 확대 개편)을 두고 전문 간호사를 배치, 직원들의 건강과 휴식을 도왔다. 모유 수유실도 갖춰 국내 기업 가운데 모성 보호 프로그램을 가장 잘 이행하는 기업으로 꼽힌다. 2007년 계열사 세 곳이 유니세프가 선정하는 '엄마에게 친근한 기업'에 뽑히기도 했다. 유통 부문 확대에 따라 각 유통 점포에는 오랫동안 서서 일하는 여직원들을 위해 '여직원 휴게실'을 갖춘 것은 물론 패션 부문과 똑같이 '의무실'도 운영하고 있다.

8
'남' 중심적 사고방식

앞서 소개한 대로 18가지 이랜드 스피릿 중에서 가장 먼저 정립된 게 바로 '남 중심적 사고'다. 이랜드 사람들에게 남 중심적 사고가 갖는 보다 심오한(?) 의미가 뭔지 물으면 대답은 한결 같다.

"자기 중심적 사고의 반대 개념이죠."

이런 동어반복에 가까운 대답을 하는 것은 갓 들어온 신입사원뿐만이 아니다. 필자는 오상흔 이랜드 유통부문 대표를 만난 적이 있다. 그는 20년 넘게 이랜드에서 잔뼈가 굵은 베테랑이다. 오 대표에게 남 중심적 사고의 진정한 의미가 무엇인지 궁금하다는 뜻을 비쳤다. 그러자 그는 예의 '자기 중심적 사고의 반대개념'이라는 교과서적인 대답과 함께 "간단히 설명하면 대접 받고자 하는 대로 대접하라는 얘깁니다."라고 짧게 정리했다. 그러면서 그는 "생각보다 심플한 개념인 것 같지만 의외로 경영 전반에 걸쳐 두루 적용할 수 있는 하나의 '번듯한' 기업 이념으로 그 의미가 넓고 깊어질 수 있는 개념이다."고 덧붙였다.

기업경영 전반을 아우르는 최상위 이념

우선 인사 파트에서 확실하게 진가를 발휘하는 기업 이념이 바로 남 중심적 사고이다. 남 중심적 사고를 이 분야에 적용하면 사장은 사원들을 '사장 모시듯' 하고, 반대로 사원들은 자신들이 회사로부터 존중받길 원하는 수준으로 깍듯이 사장을 대하라는 지침으로 해석된다. 회계 파트로 가보면 회사의 돈을 자기 주머니 쌈짓돈 관리하듯 소중히 다루는 태도를 의미하기도 한다. 자신의 돈을 맡고 있는 사람이 그 돈을 허투루 쓰는 걸 원하는 이는 없을 것이기 때문이다.

판매와 마케팅에서도 마찬가지다. 필자가 만나 본 이랜드 계열 유통업체 바이어들은 다른 회사들과 확연히 구분되는 거래선 확보방법으로 생산업체를 찾고 있었다. 한 예로 이랜드 계열 유통업체 바이어가 대형할인점에서 판매할 중저가 방향제를 조달하는 경우를 보자. 보통의 바이어들은 먼저 국내에서 방향제를 얼마 정도에 팔고 있는지를 살핀다. 이른바 시장 조사다. 가장 싼 제품이 1000원이었다면 여기에 맞춰 상품 거래선을 개척한다. 300원의 마진을 보장해 줄 수 있는 납품업체를 찾는 작업이다.

만약 비슷한 제품의 값을 경쟁 유통회사에서 800원으로 내렸다면 어떻게 할까. 바이어들은 거래처에 납품 단가를 500원으로 깎자고 하거나 500원에 물건을 대 줄 수 있는 쪽으로 거래선을 바꾼다. 품질 수준이 떨어질 것이 우려된다면 거래선을 한 곳으로 몰아 최대한 많은 물량을 주문하는 것으로 가격을 떨어뜨린다.

하지만 이랜드 바이어들의 시장 조사는 '내 마음속의 소리를 듣는 것'에서부터 시작한다. 스스로 고객이 돼서 '나라면 화장실이나 자동차 등에 가볍게 비치할 방향제를 어느 정도 가격이면 사겠다고 마음먹을까'라고 생각해 본다. 그리고는 1000원짜리 한 장은 낼 수 있다는 결론을 냈다면 그 다음은 국내에서 판매중인 1000원짜리 방향제 중 가장 품질이 좋은 제품을 찾는 것이다. 이랜드 바이어들은 이를 위해서 경쟁 유통점을 이 잡듯이 뒤져 코가 얼얼해 더 이상 냄새를 맡지 못하게 될 때까지 제품에 코를 대 본다. 이랜드를 취재하는 동안 이처럼 편집증에 가까울 정도로 자신이 맡은 상품군에 집착하는 바이어들을 여럿 봤다.

땅 끝까지 가서라도 물건을 찾아내라

가장 질 좋은 제품을 선택했다면 바이어들은 비로소 그걸 타깃으로 상품 사냥에 나선다. 이랜드의 글로벌 소싱은 실로 상상을 초월한다. 대부분의 중저가 유통업체들이 상품 조달처로 중국, 인도네시아,

베트남 등 아시아 지역에 국한하고 있는데 반해 이랜드는 10년 전에 벌써 아프리카와 중동, 남미에까지 바이어를 내보냈다. 이 때문에 항간에선 "이랜드가 상품 조달에 전 세계에 퍼져 있는 기독교 선교사 네트워크를 이용한다."는 소문이 돌 정도였다.

이랜드 바이어들의 상품 사냥은 고객이 1000원을 기꺼이 낼 수 있는 방향제를 500원에 가져 올 수 있는 곳을 찾을 때까지 계속된다. 강남 뉴코아에서 질 좋은 데코레이션 용품을 싼 값에 팔아 유명해진 모던하우스 신화와 천원숍 르네상스 시대를 연 에코마트 등의 성공은 이 같은 이랜드의 글로벌 소싱력에서 비롯됐다. 만약 아까 예를 든 것처럼 경쟁사가 방향제 가격을 일제히 800원으로 내렸다면 이랜드는 어떻게 할까. 답은 "그냥 1000원에 판다."는 것이다.

모던하우스의 한 바이어는 가격 인하 경쟁에 적극적으로 나서지 않는 이유에 대해 "만약 가격을 낮추고 품질을 전보다 떨어뜨리는 식으로 장사를 하기 시작하면 결국 그곳에 가면 1000원을 가치 있게 쓸 수 있다는 믿음이 깨어지고 눈앞에서 얻는 이익보다 더 큰 미래의 가치를 제 손으로 날려버리는 셈"이라고 설명했다.

이처럼 '남 중심적 사고'가 단순히 도덕적인 관념으로만 머무르는 게 아니라 구성원들의 행동을 지배하는 경영 원칙이 될 수 있었던 것은 이것이 철저하게 '시장지향적인(Market Oriented)' 기반 위에 서 있었기 때문이다. 기업을 하면서 자기가 남길 수 있는 이윤을 생각하는 것은 당연하다. 이랜드는 초창기부터 여기에 '상대방의 유익'까지 보태서 생각했기 때문에 눈부신 성장을 할 수 있었다.

이랜드 점포개발 파일은 상권 분석의 바이블

이랜드의 강점은 가격·품질·접근성이라는 세 가지 측면에서 고객들의 필요를 만족시켰다는 점이다. 가격과 품질은 막강한 바이어 조직이 책임진다면 다른 하나인 접근성은 점포개발팀 멤버들이 해결해 내고 있다. 이랜드 캐주얼 사업은 대부분 직영점이 아닌 프랜차이즈 형태로 이뤄진다. 적은 자본을 가지고도 순식간에 많은 영업망을 확보할 수 있었던 비결이다. 프랜차이즈는 점주가 장사를 한다. 이랜드 점포개발팀은 가맹점을 해보겠다고 찾아온 점주의 입장에서 고객들이 몰릴 만한 위치에 있는 점포를 귀신 같이 찍어주는 것으로 유명하다. 이랜드의 브랜드 전략상 자주 주력 브랜드를 갈아치우는 가운데서도 한번 이랜드 점포를 운영하던 점주들이 끝까지 따라와 주는 것도 그 때문이다.

이랜드 점포개발팀 멤버들은 마치 자신이 점주가 된 것처럼 상권을 분석한 뒤 가장 유동인구가 많은 지역에서 쉽게 눈에 띄는 자리를 찾아낸다. 이때 터무니없는 임대료를 요구하거나 자주 임대조건을 바꾸는 건물주는 블랙리스트에 올려 추천 점포에서 제외한다. 종종 우리는 목 좋은 자리인데도 들어선 가게마다 얼마 안 가 문을 닫는 점포 자리를 볼 수 있다. 사람들은 "이상하게 저 자리에 들어오기만 하면 업종을 불문하고 망해나간다."며 수군거린다. 이랜드 점포개발팀 관계자는 "이런 상점은 십중팔구 건물주가 임대료를 너무 많이 받거나 자리 좀 잡으려 하면 직접 하겠다고 나서는 경우"라고 설명했다.

이렇게 이랜드가 전국의 주요 상권을 분석한 자료는 가게 자리별, 업종별 조합에 따른 일평균 매출 및 유동인구수의 변화, 건물주의 사소한 성향과 주변 개발 계획 등이 총망라돼 있다. 당연히 회사는 이를 '1급 대외비'로 관리한다. 패션업체들 사이에선 가두상권의 대리점을 놓고 종종 쟁탈전이 벌어지지만 한번 이랜드 소속 브랜드 사업을 한 업주는 좀처럼 다른 회사 대리점을 하겠다고 나서지 않는다. 한 패션업체 관계자는 "이랜드의 상권 분석 파일만 빼낼 수 있다면 가두 상권 대리점 사업은 땅 짚고 헤엄치기가 될 것"이라고 평가하기도 했다. 이랜드 사람들이 '실제로 돈을 들여 장사를 할 점주의 입장에서 생각한다'는 단순한 원리를 꾸준히 실천하다 보니 생긴 또 하나의 자산이다. 그러다 보니 이랜드의 전국 주요 상권 분석 자료는 웬만해선 쉽게 넘볼 수 없는 특별한 자료임은 두말 할 것도 없다.

성공하는 사업을 위한 이랜드 식으로 실천하기 ⑧

고객 입장에서 상권 분석하기

창업을 하려는 사장의 입장이 아니라 고객의 입장에서 상권을 봐야 제대로 된 점포를 골라 낼 수 있다. 그러려면 우선 고객이 누군지부터 알아야 한다. 오피스 상권이라면 직장인이 주된 고객이다. 주택가 상권의 주인은 무조건 가정주부다. 사무실이 밀집한 상가는 초기 투자비용이 많이 든다. 그러나 목만 좋으면 장사를 하기가 그렇게 까다롭지 않은 편이다. 반면 주택가는 점포 임대료가 싸지만 고객의 취향을 알아내서 거기에 딱 맞춘 영업을 하기가 그리 녹록치 않다.

투자금이 많지 않아 주택가에서 창업을 하기로 했다면 우선 해당지역 주부들의 성향과 욕구를 정확히 파악하는 것이 급선무다. 주부들의 성향은 그야말로 동네마다 각양각색이라는 게 자영업 고수들의 말이다. 따라서 동네 아줌마들의 특성을 정확하게 알고 나서 가게 자리도 골라야 한다. 상품 가격과 점포 인테리어도 거기에 맞춘다. 심지어는 업종을 정하는 단계에서부터 동네 아줌마들의 입장에서 상권을 분석해보기까지 해야 한다.

보통은 상권을 분석할 때 유동인구를 헤아려 조사하는 경우가 많다. 유동인구가 많을수록 장사가 잘 될 확률이 높다는 것은 자영업의 공식처럼 돼 있다. 하지만 매출이 유동인구에 반드시 비례하는 것은 아니다. 인파가 물결치는 곳에서도 장사가 안 되는 점포는 의외로 많다. 따라서 고객의 입장에서 봤을 때 해당 상권이 그냥 스쳐 지나가는 곳인지 아니면 눌러 앉아서 시간을 보내는 곳인지를 면밀히 관찰해야만 좋은 상권인지 아닌지를 판가름할 수 있다.

따라서 유동인구가 많다고 덜컥 계약부터 하지 말고 우선은 해당 지역을 몇 번 더 찾아 소비자들의 동선과 씀씀이를 헤아려 보는 게 좋다. 거리를 오가는 유동인구가 해당 지역에서는 전혀 지갑을 열지 않는다고 판단되는 지역은 피해야 한다. 이런 지역은 많은 유동인구 때문에 임대료와 권리금만 비싸지 그만한 수익을 거둘 수 없다. 이런 지역은 보통 근처에 아주 매력적인 쇼핑 공간 또는 외식 공간이 있는 경우가 많다.

반면 찾는 사람 수는 그리 많지 않은데도 한번 그 지역으로 들어오면 상권 내에서만 빙글빙글 돌다가 들어온 길로 다시 빠져나가는 형태로 구성된 상권도 있다. 이런 상권은 유동인구가 비교적 적더라도 실속 있는 상권이다. 상권의 가치에 대한 판단은 철저하게 고객의 입장에서 해야 한다는 것만 기억하고 있으면 점포 입지 선정에 큰 실수는 없다.

| 에필로그 |

그 시절을 잊지 않는 김밥 송년회

이랜드그룹 계열사들은 매년 연말, 회사 또는 각 부서 단위로 '김밥 송년회'라는 행사를 갖는다. 각 회사 총무부서는 이 행사를 위해 파래김과 고슬고슬한 밥, 단무지, 소금 등을 마련한다. 준비는 그걸로 끝이다. 송년회에 필요한 다른 준비물이라곤 종이와 볼펜이 고작이다. 김밥 송년회에서 직원들은 둥그렇게 둘러 앉아 파래김에다 양껏 밥을 덜고 단무지를 넣어 만 뒤에 소금을 찍어 먹는다. 그러면서 각자 준비된 종이에다 한 해 동안 고마웠거나 미안했던 일을 적어 돌려 본다.

다른 회사와는 사뭇 다른 이랜드만의 이 같은 김밥 송년회에는 '초심으로 돌아가자'는 뜻이 담겨 있다고 한다. 창업 초기 바쁘고 넉넉

하지 못해 맨밥을 김에 싸 먹으며 대충 끼니를 때우던 시절을 잊지 말자는 뜻이다. 연 매출 10조 원을 눈앞에 둔 기업 송년회치고는 지나치게 소박하다 싶은 생각이 든다. 김밥 송년회는 그룹 최고위층도 예외 없이 참여해야만 한다. 이랜드그룹 박성수 회장 등 임원 50여 명도 매년 연말이면 한 자리에 모여 김밥을 만다. 인수합병(M&A)를 통해 식구들이 많이 늘었지만 계열사별로 비슷한 송년회의 전통은 이어져가고 있다. 유통업체인 뉴코아와 여성복업체 데코도 마찬가지다.

뉴코아는 2003년 이랜드 그룹에 편입된 회사다. 그래서 이랜드 출신과 뉴코아 토박이들이 서로 섞여서 함께 일하고 있다. 2006년 12월 27일 필자는 뉴코아에서 열린 김밥 송년회에 참석한 경험이 있다. 참석이라기보다는 엄밀히 말해 구경에 가까웠지만 최종양 당시 대표이사와 임원진 그리고 각 점포의 지점장과 본사 팀장들이 한자리에 모여 김밥을 나누는 모습을 보며 구경꾼의 마음에도 따뜻한 정과 사랑이 느껴질 정도였다. 그들은 출신 성분의 구별 없이 서로에게 격려를 해가며 앞으로의 비전과 계획을 기꺼이 공유하고 있었다. '정(情)'이 흐르는 이랜드식 '동아리문화'에 처음에는 낯설어 하던 뉴코아 식구들까지 어느새 진정한 한 식구로 엮어지고 있었다. 김밥 송년회가 단단히 한몫했음은 물론이다.

김밥 송년회의 유래는 1980년대까지 거슬러 올라간다. 이대 앞 보세옷 가게 잉글랜드로 시작한 이랜드가 한참 기업화의 길을 걷기 시작했을 때였다. 박성수 회장과 첫 김밥 송년회를 함께 한 멤버들로는 박성남 전 부회장, 방선기 목사, 이웅복 부회장, 김영수 이랜드월드 공동 대표이사 등이 꼽힌다. 이들은 모두 성도교회 대학부 동료로 만나 동고동락하며 이랜드의 현재를 일궈낸 1세대들이다. 연말을 맞아 이들이 한 자리에 모였다. 김밥을 앞에 놓고도 이들은 미래에 대한 꿈과 비전을 서로 이야기하며 희망으로 부풀어 올랐다.

한편 이랜드는 새해 첫 근무일에 하는 것이 보통인 시무식도 한 달 먼저 하는 것으로 유명하다. 12월 1일이면 '출정식'이라는 이름으로 사실상의 내년도 시무식을 끝내 버린다. 이듬해 계획을 미리미리 세워놓고 새해가 밝는 즉시 실천하자는 의미라고 한다. 대신 겨울철에 그룹 직원들이 일제히 가족들까지 동반해 스키장 수련회를 갖는다.

이래저래 이랜드의 연말연시는 남들과 다른 셈이다. 사실 초심을 잃지 말자는 말은 어디서든 쉽게 들을 수 있다. "처음으로 돌아가자, 기본으로 돌아가자."는 것이다. 이 말은 그만큼 초심을 지키기가 쉽지 않다는 것을 뜻한다. 이랜드는 김밥 송년회라는 상징적인 행사를 통해 나중에 들어온 사원들에게까지 초창기 어려웠지만 꿈이 있었던 때를 '집단 기억'의 형태로 전수하고 있다. 온갖 역경 속에서도 이랜드가 쉽게 무너지지 않는 이유다.

2

이랜드

이랜드가 뛰어 들면 성공한다

W
A
Y

이랜드식 이기는 습관-이랜드 WAY

안 되는 걸 되게 하라는 강요식 회사 경영이 아닌, 될 수 있는 여건을 만들어 특유의 성공법칙을 만들어갔던 이랜드식 현장 마케팅 노하우.

1만2천 명의 지식자본가 이끄는 이랜드 지식회사는 이랜드만의 독특한 경영기법인 '세일 앤 리스백'이나 '메자닌 파이낸싱 기법' '4P블루오션 전략' 등을 통해 타기업에서는 흉내조차 낼 수 없는 창조적인 성공 경영을 이끌어냈다.

이 장에서는 여성 우대 정책과 세계시장 진출, 바른 길만 고집하는 투명경영 등을 통해 이랜드맨들이 어떻게 짧은 시간에 패션유통업계의 기린아로 성장할 수 있었는지를 현장 사례를 통해 생생하게 보여주고 있다.

1
일만 이천 '지식자본가'가 이끄는 이랜드 지식회사

프랑스인으로 한국 여성과 결혼해 한국에 와서 정착한 이랜드 유통부문의 올리비에 탠 유럽직수입팀장은 그전까지 근무했던 다국적 기업과 비교한 이랜드 그룹만의 문화를 이렇게 설명한다.

"한마디로 역동적인 회사다. 직급에 관계없이 좋은 아이디어만 내면, 덜컥 한 사업 파트를 책임지울 만큼 과감하다. 말단 직원들까지 자발적으로 회사의 생산성을 높이기 위해 업무 개선 방안을 쉴 새 없이 내놓는 모습을 보고 적잖이 놀랐다. 아마도 현장 경험과 꾸준한 연구를 통해 체득한 지식을 매우 높게 평가해 주는 이랜드만의 기업문화 때문인 것 같다."

말단 사원도 '지식' 있으면 자본가

이랜드에선 주임, 사원 할 것 없이 1만 2000명(2006년 말 기준)의 직원 모두가 회사의 오너처럼 생각하고 행동한다. 아래로부터의 혁신 제안이 끊임없이 올라오면 회사의 경영진은 이 중 타당성이 있는 제안에 대해서는 좌고우면(左顧右眄)하지 않고 즉각 받아들여 이를 회사 현장에 바로 적용한다. '지식 페스티벌', '이랜드 지식왕' 등을 통해 정기적인 포상을 실시, 금전적인 메리트도 안겨 준다. 승진과 연봉에 이 같은 지식 점수가 반영되는 것은 물론이다.

이런 분위기가 자리 잡은 것은 "회사에 돈을 대는 이뿐만 아니라 지식을 내놓는 사람도 자본가"라는 박성수 회장의 '지식자본가론(論)'의 영향이 크다. '지식자본가'란 회사 발전에 원동력이 되는 지식을 소유한 개인을 일컫는 말이다. 그 지식이 지니고 있는 생산성만큼 실물 자본을 갖고 있는 것으로 봐주겠다는 것을 의미한다. 다시 말해 그룹 자본금에 돈 한 푼 보태지 않았어도 현장에서 혁신 성과를 내는 지식을 내놓는 직원은 오너만큼의 대접을 해주겠다는 얘기다.

박성수 회장의 지식 경영 마인드는 그 유래가 깊고 관심의 깊이도 남다르다. 사실 따지고 보면 변변한 자본 없이 2평짜리 보세 의류 가게에서 아이디어 하나로 사업을 시작한 박 회장 스스로가 '지식자본가'에 해당한다. 그는 이랜드 창립 초기부터 쭉 이어져 온 전 직원을 대상으로 하는 강의에서 늘 "현장에서 일하면서 얻어 낸 혁신적인 지식을 회사에 내놓는 사람을 나와 똑같은 '이랜드의 주인'으로 대접하겠다."고 약속해 왔다.

회사의 현금 흐름을 CFO(최고재무책임자)가 관리하는 것처럼 이랜드는 현장에서 생산되는 지식의 흐름을 관리하는 'CKO(지식관리책임자, chief knowledge officer)'를 별도로 두고 있다. 1999년부터 2005년까지 이랜드의 CKO를 맡으면서 지식경영의 체계를 잡은 바 있는 장광규 전무는 "지식자본가 육성은 교육으로부터 시작된다."며 직원 1인당 연간 600시간에 달하는 이랜드의 강도 높은 교육 프로그램을 마련한 장본인이기도 하다.

가장 맛있는 삼겹살의 두께를 찾아라

이랜드 계열 유통업체 '2001아울렛'엔 자타가 공인하는 '삼겹살의 달인(達人)'이 있다. 현재 축산 담당 MD(머천다이저)로 있는 김성호 대리가 그 주인공이다. 지난 2001년에 회사에 들어온 김 씨는 첫 근무지로 2001아울렛 중계점 정육 매장을 자원(自願)해 그곳에 배치받았다.

매장 근무를 시작한 그는 어느 날 정육 매장 한 켠의 삼겹살 시식 코너에서 당시 중계점에서 판매 중이던 3mm짜리 냉동 삼겹살을 프라이팬에 구워 먹어 봤다. 얇게 썬 삼겹살은 뒤집는 타이밍을 찾기도 힘들고 육즙도 금방 날아가 쉬이 딱딱해졌다. 입사 전 일주일에 5일씩 고기를 먹었던 자칭 '고기 마니아'인 김 대리(당시 사원)는 '내가 근무하는 정육 매장에서 이런 고기를 팔다니'라는 생각에 자존심이

상해 견딜 수가 없었다.

이날부터 그는 매일 삼겹살 시식 코너를 붙어살다시피 하며 혼자만의 실험에 몰두했다. 똑같은 삼겹살을 더 맛있게 구울 수 있는 두께를 찾아내기 위해서였다. 4mm에서부터 시작해 두툼한 8mm까지 조금씩 두껍게 해가며 구워 내, 시식 코너를 찾은 고객들에게 고기 맛을 비교해 줄 것을 부탁했다. 각각의 두께에 따라 맛있다고 답한 고객의 수를 수첩에 꼼꼼히 메모해 가며 한 달 동안 실험을 거듭한 끝에 드디어 가장 맛있는 삼겹살의 두께는 6mm라는 결론을 내릴 수 있었다.

김 대리는 자신의 연구 결과를 보고서로 만들어 점장에게 제출했다. 신입사원 '김성호'의 제안은 즉각 받아들여져 중계점의 '3mm 삼겹살'은 모두 '6mm 삼겹살'로 교체됐다. 3mm 삼겹살을 팔던 전년도 같은 기간 중계점의 월평균 매출은 1830만원에 불과했다. 하지만 6mm 삼겹살로 바뀐 다음해엔 무려 2990만원으로 매출이 63%나 훌쩍 뛰었다. 괄목할 만한 매출 신장을 이끌어 낸 중계점의 '6mm 룰'은 2002년 7월부터 2001아울렛의 모든 점포에 적용됐다.

그는 이 같은 공로를 인정받아 2002년 이랜드 지식왕에 뽑혀 회사돈으로 연수를 떠나 해외 선진 육가공 시설을 둘러보고 돌아왔다. 최상의 고기 맛을 찾아내기 위한 '육류 전문' 지식 자본가 김성호의 도전은 여기서 멈추지 않았다. 김성호는 고기의 두께에 대한 의문을 해소하자 이번에는 고기의 보관 온도에 대해 의문을 제기했다. 평소 김

대리가 매장의 고기를 눈여겨보니 육류는 유통 과정에서의 보관 온도에 따라 육질과 색깔, 맛이 크게 달라진다는 것을 알았다. 김 대리의 의문은 다시 김대리를 실험에 몰두하게 만들었다.

10kg의 고기를 3가지 온도 조건에서 작업하는 실험을 진행한 결과, 고기 내부의 온도는 섭씨 -5도~-4도 사이일 때, 고기를 써는 작업장의 온도는 16.5도~18도를 유지할 때 품질이 가장 좋다는 결론이 나왔다. 색깔이 선명한 선홍색을 띠어 고객들의 선호도가 높은 것은 물론 고기를 썰 때 나오는 부스러기로 인한 로스율도 최소화 시킬 수 있었다.

이랜드의 지식경영 인프라

시식 코너에서 고객들을 상대로 실험을 거듭하는 그를 보고 누군가 '햇병아리가 뭘 안다고'라며 핀잔을 주거나 '신입이 시키는 일만 잘하면 되지' 식으로 가로 막았다면 있을 수 없는 가치 혁신 사례다.

1999년 10월 오픈한 이랜드 지식몰(KMS, Knowledge Management System)엔 직원들이 현장에서 필요로 하는 지식을 다른 직원들에게 요청한 사례와 이에 대한 답변이 4만여 건, 홀로 경험 속에서 발굴한 노하우가 각각 3만여 건씩 올라와 있다.

지식몰은 지난 1999년 10월 사내 인트라넷의 부가서비스로 문을 열었다. 시스템 구축에만 1년 6개월이 걸렸다. 이랜드 지식몰의 특징은 회사 내에서 생산되는 지식을 단순히 모아두는 차원을 넘어 활용,

재생, 다른 직원의 지식 참여를 통한 업그레이드까지 하나의 시스템 속에서 이뤄진다는 점이다. 이런 과정에 참여토록 하는 동기부여는 철저히 자본주의 방식을 따른다. '몰' 이라는 이름에서 알 수 있듯 이 시스템에서 지식이 유통되는 기본 방식은 바로 '거래' 다. 사고파는 개념을 지식에 도입한 것이다. '지식=자본' 이라는 박 회장의 철학이 그대로 반영된 셈이다.

지식몰에선 화폐 대신 'LUTI' 라는 이름의 지식 머니를 통해 거래가 이뤄진다. 모든 직원은 일정 수준의 LUTI를 기본적으로 갖고 있다. 또 자신이 업무 가운데 습득한 노하우를 지식몰에 올리고 이것을 다른 직원들이 열람하거나 실제 업무에 활용하게 되면 LUTI를 추가로 부여받는다. 다른 직원의 지식으로부터 도움을 얻었다면 LUTI를 일부 내놓아야 한다. 이런식으로 쌓인 LUTI 점수는 경영 관리 지표에 포함돼 사업부의 경영 성과 평가에 영향을 미친다. 개인의 인사고과를 결정하는 데도 지배적인 요인으로 작용하는 것은 물론이다.

LUTI를 모으기 위해 이른바 '쓰레기 정보' 까지 무차별적으로 올리는 것을 방지하기 위해 각 분야 전문가 그룹이 지식몰의 지식들을 직접 관리해 품질 유지를 해준다. 해당 분야에서 실무 경험을 체계화해 지식몰에 많이 올린 사람이 전문가 자리에 오르게 되는 것도 이 시스템의 특징이다.

▶ 경험 속의 노하우에서 발굴한 지식사례

- 제 목 : 그 많던 Loss는 누가 다 먹었을까?

  내 용 : 물류부서에서 근무하는 직원이 등록한 지식으로 물류 과정상에서 발생하는 로스(손실) 감소에 대한 방법과 매장을 만족시키는 물류 업무 방법을 제시한 것으로 분배업무에 대한 직원 교육 자료로 활용하고 있음.

  효 과 —Loss율 감소(월 평균 97% 감소), 매장의 물류부서에 대한 신뢰도 회복

- 제 목 : 전국 매장 순회 노하우

  내 용 : 처음으로 영업부서에서 근무하게 된 직원이 전국에 산재해 있는 담당 매장을 빠르고 효율적으로 순회할 수 있는 방법을 요청했고, 각 계열사와 브랜드별로 수십 명의 영업사원이 위키디피아식 '집단 지성'을 동원해 전국 매장을 최단거리 혹은 최단시간에 순회할 수 있는 방법을 제시한 사례

  효 과 —지방 출장을 가는 직원들의 시간 사용 효율이 높아 짐

- 제목 : 날아라 멸치!(2001아울렛 분당점)

  # 이전 상황 : 벌크(쌓아 놓고 파는) 멸치과 비닐 봉지로 포장한 멸치 판매

  벌크 멸치의 문제점— 멸치의 수분이 증발하고 중량이 감소하며 부스러기 발생이 많다.

대용량 박스 판매 / 가격은 싸지만 용량이 너무 커서 판매율이 적다.

비닐 봉지 / 보관은 용이하나 진열하기 힘들고 부스러기 발생이 많아 고객들의 불만이 있다.

비닐봉지형태-진열시 세워지지 않음
패키지 / 규격이 통일이 안됨

투명 아크릴케이스
진열시 편리, 규격의 통일성

- **개선해야 할 점**

  1. 투명도 유지하여 고객이 내용물 확인이 가능하도록
  2. 개폐가 용이해야 한다.
  3. 고객이 원하는 적절한 중량을 유지
  4. 진열이 용이하도록 하드케이스

- **결론** : 고객이 원하는 적절한 용량의 투명 아크릴 하드 케이스로 신상품개발이 필요하다!

  1. 고객의 needs 파악 : 판매사원 개별 접촉 1:1 고객 설문
  2. 새로운 포장 케이스의 발견
  3. 적정 중량, 가격 발견 : 일평균 판매건수와 평균 중량을 조사하여 평균 단가를 결정
  4. 신상품 개발 : 업체에 패키지 제안, 적정 수량 제안, 고급화를 위해 띠지 포함

● 분당점 4개월간

구 분	2002.07~10월	2003.07~10월	비 고
규격멸치 매출	8,974,450	14,032,482	56% 성장
규격멸치 이익	1,456,280	2,698,372	85% 성장
벌크멸치 매출	38,802,320	40,742,436	5% 성장
건식 전체매출	746,170,331	882,290,023	18% 성장

2002년 규격상품 : 전부 비닐봉투형→ 2003년 투명아크릴케이스+비닐봉투

성 과 : 분당점 전년대비 4개월 간의 매출 비교

규격 멸치 : 매출 전년 대비 56% 성장 (전년 규격멸치 : 비닐봉지, 박스 규격), 이익 전년 대비 85% 성장

● 제목 : 안양 팩딸기…

질 문 : "의류 매장이나 모던하우스를 찾아온 고객들이 지하 식품 매장까지 유입되지 않고 있는데 이를 개선할 방법이 없을까요?"

● 지식몰에서 올라온 아이디어 :

1. 각 층에서 2만원 이상을 구입한 고객에게 영수증이 발부 될 때 자동으로 '팩딸기 1500원 할인 쿠폰' 이 발행되도록 프로그래밍.

2. 또 쿠폰에 funny한 느낌을 주기 위해 *축 파머스렛(지하식품매장 명칭) 팩딸기 1500원 할인권 당첨* 이라는 문구를 삽입.

결 과 : 전년대비(2003년 2월 11일~18일/2004년 2월 11일~18일)

총매출 : 252% 성장, 매출 이익 379% 성장

전 지점대비 안양점 팩딸기 매출 점유율 12%─〉34%로 증가

※ 현재 이 아이디어는 분당점 안산점 등 다른 점포까지 확장 적용중인데 아주 좋은 반응을 얻고 있음.

이랜드 지식인들의 직장생활 속의 작은 아이디어 발굴기

1. 이랜드 주니어 겨울 제품 공급 전략(박대희 영업파트 과장)

박 과장이 겨울옷 공급 전략 연구를 시작한 까닭은 최근 겨울철 날씨가 계속 변덕스러워지는 경향을 보이면서 겨울옷 판매가 들쭉날쭉해 영업부 직원으로서 큰 어려움을 겪고 있기 때문이었다.

갑자기 기온이 떨어져 고객들이 부랴부랴 매장을 찾아 점퍼를 구입하려 할 땐 물량이 달리다가 수요에 따른 '반응 생산(Quick Response, QR)'으로 점퍼 생산량을 늘려 놓으면 또 날씨가 풀려 재고로 남는 경우가 많아진 것.

많은 패션업체들이 재고를 줄이기 위해 도입한 것이 바로 QR이다. QR은 시즌 전 기획생산물량을 줄이고 특정 제품의 매장 판매 반응을 본 뒤 추가 생산하는 시스템을 말한다. 하지만 변덕스러운 날씨에 따라 잘 팔리는 품목이 다르다 보니 지난주 판매 추이를 보고 생산물량을 결정하다 보면 매장에서 필요한 수량의 타이밍을 매번 정확하게 맞추기가 힘들어진다. 재고를 줄여보겠다고 시작한 QR이 오히려 재고 증가의 원인이 되는 아이러니를 해결하기 위해 박 과장은 기온이 제품 판매에 미치는 영향을 분석했다. 그런 다음 일기 예보를 통해 추가 분배 시점을 관리, 전략 아이템을 집중 공급해 판매와 재고 관리 양 측면에서 효율성을 극대화 할 수 있을 것이라고 판단했다.

① 현상 분석

- 기온에 따른 판매량 차이가 심하다.
- 날씨가 갑자기 추워지면 외의류와 기능성 제품의 판매 비중이 높음.
- 현재 회사에서는 지난해의 판매 실적을 가지고 매장 분배 계획을 수립.

② 전략 아이템 선정

- 기온 하락 시에 추가 공급이 필요한 아이템을 선정.

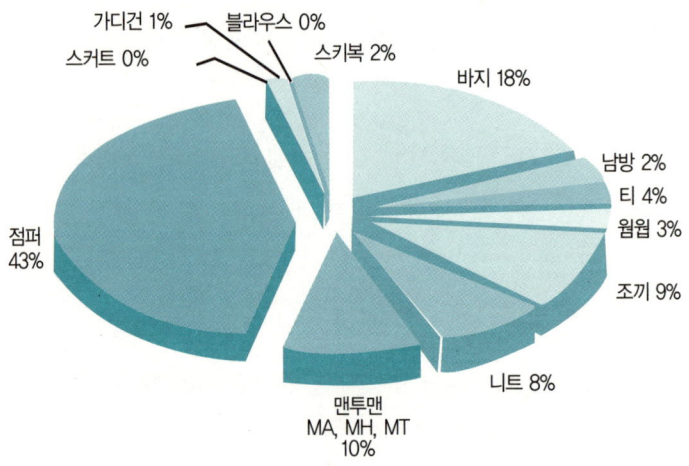

〈지난 3년간 겨울제품 판매비율〉

☞ 결론 : 전략 아이템은 점퍼 등 외의류와 조끼 바지.

③ 주간 기온예보 확인

KMA.GO.KR	평년평균기온 ℃ / 평년강수량(mm)	21일(화)	22일(수)	25일(목)	26일(금)
서울경기	-6 ~ -3 / 2 ~ 5	구름조금	구름많음	구름조금	구름조금
강원영동	-8 ~ 0 / 2 ~ 9	구름조금	구름많음	구름조금	맑음
충청도	-5 ~ -2 / 3 ~ 5	구름조금	구름많고 눈	구름많고 눈	맑음
전라도	-3 ~ 2 / 4 ~ 7	구름많음	구름많고 눈	구름많고 눈	맑음
서울(최저/최고)	-12 / -5	-10 / -4	-8 / -1	-5 / 2	-3 / 4

④ 매장별 상품 분배 이틀 전 일기예보 재확인

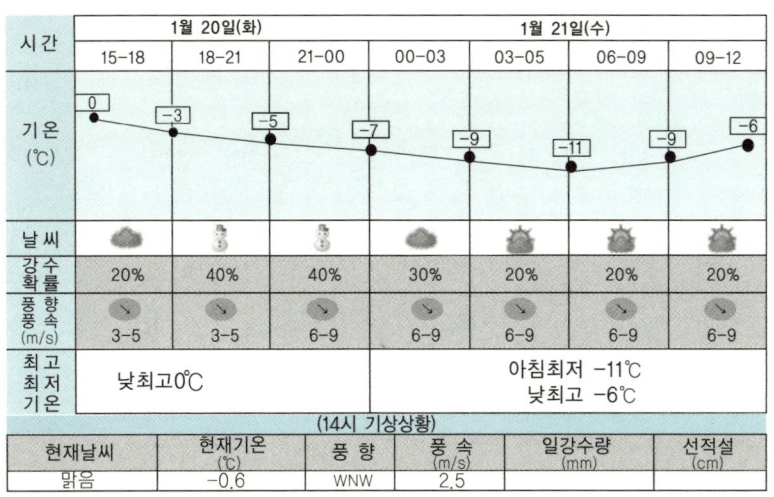

⑤ 전략적 분배
- 기온을 고려해 주초에 점퍼 물량 대거 투입, 기온이 올라가는 주말로 갈수록 점퍼를 뒤로 빼면서 조끼 바지 등을 전진 배치.
- 강원영서, 전라도 지역보다는 서울, 영동, 충청도 지방에 물량을 더 넉넉히 배분.

⑥ 결과
- 전략적 아이템(점퍼, 조끼 바지)의 평균 판매율이 12% 증가.
- 판매량이 기온에 가장 많은 영향을 받는 기간은 날씨가 추워지기 시작하는 10월말~11월이라는 결론 도출.

⑦ 후속조치
- 10월~11월에는 반응생산 시스템 운영 때 기온 변수를 추가해 판매 추이에 따른 물량 배정의 한계를 극복.
- 모든 브랜드로 확산 보급.

2. 애슐리의 매직 테이블 전략(박은재 식품사업부 주임)

이랜드월드가 운영하는 애슐리는 '여성감각 레스토랑'을 슬로건으로 내건 패밀리 레스토랑이다. 아웃백, 베니건스, 빕스 등이 서울 도심 주요 지역에 점포를 내고 장사를 하는데 반해 애슐리는 반포, 목동, 천호 등 서울 부도심과 수도권 신도시, 지방 중소도시를 집중 공략해 짭짤한 수익을 거두고 있다. 이랜드 그룹 내에선 요란한 마케팅 없이도 안정적인 매출을 올리는 알짜 브랜드로 통한다.

박 주임은 어느 날 매장을 둘러보다가 점심시간을 이용해 매장을 찾는 직장인 고객들이 어떤 이유에서인지 창가 자리에 앉기를 꺼려하는 현상을 발견한다. 저녁 데이트 손님이나 가족단위 고객과는 선호 좌석이 전혀 다르게 나타난 것. 박 주임은 이를 이상히 여겨 주변에 사무실이 많은 매장을 한번 조사해 보았다. 그랬더니 점심시간 창가 테이블 점유율이 29%에 불과하다는 데이터가 나왔다. 박 주임은 이게 단순히 테이블 점유율만의 문제가 아니라고 느꼈다. 안쪽에는 손님이 많은데도 불구하고 창가가 비어 있으면 밖에서 식당 안을 살피는 고객들에게 '손님 없는 식당' 이라는 잘못된 인식을 줄 수도 있기 때문이었다. 이래서는 안되겠다 싶어서 박 주임은 그날로 고객들을 창가 자리로 유도할 아이디어를 짜냈다.

그는 우선 창가 테이블에 '매직 테이블' 이라고 이름을 붙였다. 좌석을 모두 편안한 소파로 교체하고 등받이 쪽에 쿠션을 놓아 앉기 편안하게 했다. 아울러 점심시간에 매직 테이블에 앉는 고객에게는 무료로 허브티를 서비스했다. 식당 입구에서 손님을 맞는 서버들은 자리를 안내하기 전 이런 혜택을 고객들에게 소개하고 자연스럽게 창가 테이블로 유도하도록 했다.

물론 결과는 대 성공이었다. 2주 뒤 창가 테이블 점유율은 80%대로 치솟았고, 전체 입점 고객 수 24% 증가, 매출액 23% 상승이라는 부수적 효과도 거둘 수 있었다.

이랜드의 사업부 성과 평가에 직원들의 지식 활동이 어떻게 반영되나

성과관리(Balanced Score Card) -〉줄여서 BSC라고 함.

1992년 캐플란과 노턴에 의해 《Harvard Business Review》誌에 소개된 개념으로 기업의 전략적 목표를 일련의 성과측정치로 전환시킬 수 있는 틀로써 이랜드 그룹은 1998년 9월 BSC를 전략적으로 도입하기 시작했다.

▶ BSC 시스템 구축 결과
* 50여 개의 전략지표 개발
* 사업부, 팀, 개인별 목표관리 sheet 작성
* 개인별 Scorecard* 월, 분기 평가회 수행

▶ BSC 측정지표

외부 역량	고 객	• 시장경쟁력 지수 • 이미지강화 고객비 • 신규매출비중	• 핵심 브랜드 • 매출구성	• 고객만족도 • 향후 구입희망율
	매 장	• 서비스 점수 • 핵심상권 구성비	• 회전율 • 월평균 기여이익	• 수익매장 구성비 • 수익매장 영업년수
	거래처	• 매출성장율	• 가동율	• 핵심 거래처 수
내부 역량		• 정보기술 투자액 • 저장된 지식 수	• 정상 판매율 • 제조 리드타임	• 납기PI(%) • 품질 PPM
직원 역량		• 인당 지식활동지수 • 직원 평균연령 • 디자이너 평균연령 • 교육수준	• 핵심인력 부가가치 • 인당 부가가치 • 인건비 레버리지	• 핵심인력 근무년수 • 전문가 비율 • 여성비율

이랜드는 BSC 시스템 측정값을 사용하여 월, 분기, 년별로 평가회를 수행하고 있다. 월 평가회는 경영자로부터 전 직원이 평가 및 발견한 지식을 공유하는 기회로 활용한다. 이 시간은 성공 지식과 실패 지식을 통한 최적 사례(Best Practice)를 발굴하는 기회일 뿐 아니라 성과 지식인을 발굴 육성할 수 있는 중요한 지식공유의 장으로 활용되고 있다. 실제로 2001아울렛에서 2007년 2월에 실시한 BSC평가회는 12시간에 걸쳐 치열하게 진행되기도 했다.

2
모든 것은 가능하다

　이랜드 그룹은 현재 모두 12개의 계열사로 구성돼 있다. 성인캐주얼 부문의 ㈜이랜드와 아동복·내의, 국내 최초의 백화점식 아울렛인 2001아울렛, 액세서리·숙녀캐주얼·식품사업 등을 하고 있는 ㈜이랜드월드, 인테리어 사업과 신규 사업 인큐베이팅을 담당하는 ㈜리드, e-비즈니스 전문 컨설팅 회사인 ㈜이랜드시스템스, 가구사업부문의 ㈜프란시아, 부동산개발·하우징 회사인 ㈜이랜드개발, 그리고 인수기업인 ㈜뉴코아와 ㈜데코, ㈜킴스클럽마트(옛 해태유통), ㈜레저비스(옛 삼립개발), ㈜네티션닷컴 등이다.
　이랜드는 창립 초부터 독특한 경영기법을 도입해 지금까지 그 원칙을 지켜가고 있다. 생산은 '아웃소싱', 마케팅은 '프랜차이즈' 방식으로 운영하되 본사는 기획과 머천다이징 및 디자인 기능을 보유하는 구조다. 이랜드는 이처럼 차별화된 사업설계와 중저가 캐주얼 시장이라는 틈새시장을 개척하고 선점해 폭발적인 성장을 이뤄냈다.

1997년 초 외환 위기가 닥치기 전 자체 구조조정에 착수해 탄탄한 재무구조를 갖췄고, 2000년부터 본격 추진한 지식경영을 통해 생산성 혁신을 이뤄냈다. 이러한 재무적·비재무적 역량을 바탕으로 2003년부터 지속적으로 틈새시장을 찾아내 공략하는 한편 인수합병(M&A)을 통한 성장전략도 함께 펼치고 있다.

이랜드 그룹 주요 연혁

1. 이화여대 앞 '잉글런드' 오픈 (1980년)
2. '이랜드' 법인등록 (1986년)
3. 아동복 사업 진출 (1989년)
4. 시계/주얼리, 여성캐주얼 사업 진출 (1990년)
5. 유통업(2001아울렛) 진출 (1994년)
6. 식품사업 / 내의사업 진출 (1994년)
7. 호텔사업 진출 (1996년)
8. 해외자본 유치 (워버그핀쿠스/1998년, SSgA/1999년)
9. 국내 유통업체 최초 'ERP시스템' 도입 (2000년 2월)
10. 매년 순이익 10% 사회환원 공식 발표 (2002년 12월)
11. ㈜2001아울렛, 자산 유동화 증권 1500억 원 발행 (2003년 1월)
12. 패션브랜드 인수– 엘덴,뉴골든,캡스,앙떼떼,루니툰,제이빔(2003년)
13. ㈜데코 M&A 본계약 체결 (2003년 8월)
14. ㈜뉴코아 M&A 본계약 체결 (2003년 12월)
15. ㈜2001아울렛, 싱가포르 투자청으로부터 5천억 원 투자유치(2004년 3월)
16. 3개 계열사 합병 (2004년 12월)
17. ㈜해태유통(지금의 킴스클럽마트) M&A 본계약 체결 (2005년 7월)
18. ㈜태창 내의사업 부문 인수 (2005년 11월)
19. ㈜삼립개발 하일라콘도 인수 (2006년 2월)
20. ㈜네티션닷컴 인수 (2006년 2월)
21. ㈜한국까르푸(지금의 홈에버) 인수 (2006년 4월)
22. 영국 테스코에 홈에버 매각으로 4000억 차익 실현 (2008년 5월)

없이 하는 문화

'우리는 실천한다, 우리는 성장한다, 우리는 돌파한다' 이랜드가 매장 판매사원들을 교육할 때 외치도록 하는 구호다. 이랜드가 거둔 놀라운 성공에는 이처럼 '할 수 있다'고 믿은 이랜드맨들의 굳은 신념이 바탕에 깔려 있다. 이랜드 스피릿에도 이를 '캔 두(can do) 스피릿'이라 하여 중요한 부분으로 다루고 있다. 이랜드의 캔 두 스피릿이 보통의 긍정적 사고방식과 다른 점을 알기 위해서는 '할 수 있다'는 말 앞에 붙어 있는 수식어를 찾아낼 수 있어야 한다.

이랜드라는 기업을 2년여 동안 취재한 끝에 내린 결론은 이렇다. 이랜드에 있어서 '할 수 있다' 정신은 바로 '(없이도) 할 수 있다'는 것을 의미한다는 것을. 앞 장에서 절약정신을 설명할 때 이랜드의 '없이 하는 문화'를 소개한 적이 있다. 결핍을 극복하는 실천 강령이 절약정신이라면, 부족함에 대처하는 마음가짐을 정해놓은 것이 바로 '캔 두 스피릿'이라고 보면 될 것이다. 모든 것이 부족하고 모자란 가운데서도 할 수 있다는 정신을 가졌기에 이랜드는 결국 길을 찾아낼 수 있었다. 그 길이 성공으로 향하는 것이었음은 이랜드의 역사 속에 있는 수많은 성공 사례들이 보여주고 있다. 그 중 대표적인 세 가지만 살펴보기로 하자.

① 초기 자본 부족을 프랜차이즈 방식으로 돌파

1986년 보세 매장의 틀을 깨고 기업화의 길을 가기로 한 이랜드.

그들이 초기 적은 자본을 가지고도 단기간에 사업을 크게 확장할 수 있었던 비결은 모든 매장을 프랜차이즈 방식으로 운영한 것에 있었다. 당시만 하더라도 프랜차이즈 방식의 사업 모델은 국내에 잘 알려지지 않았다. 지금은 프랜차이즈의 대명사처럼 통하는 통닭집마저도 당시는 엄밀한 의미에서 프랜차이즈라고 보기 힘든 사업 모델이었다. 체인본부 성격의 본사가 원재료를 공급하면서 마진을 남기는 대신 그 일부를 투자해 공동 마케팅을 해주는 정도가 고작이었다.

이랜드는 이를 뛰어 넘어 브랜드를 만들고 기획과 디자인을 맡으면서 가맹비와 로열티를 받는 방식의 사업을 처음으로 국내에 소개했다. 부족한 자본은 가맹점주가 자기 책임으로 투자하는 돈으로 채울 수 있었다. 그렇지만 각 점주들이 마음대로 매장을 운영하지는 못하게 했다. 비록 자기 돈을 들여 매장을 빌리고 인테리어를 하더라도 이랜드 간판을 달려면 본사가 제시하는 표준관리시스템을 받아들여야만 했다. 이를 통해 본사의 투자는 최소화하면서도 매장의 통일성을 확보해 브랜드 이미지를 좋게 유지할 수 있었던 것이다. 이랜드 계열 패션매장은 삽시간에 2000개까지 늘어났다. 그야말로 이랜드 계열 브랜드의 판매점이 전국 각지에 들어선 것이다. 하지만 본사의 리스크는 크지 않았다. 직영점으로 이 정도의 점포를 갖추려 했다면 수조 원을 들였어도 모자랐을 것이란 게 업계의 평가다.

대신 브랜드 이미지 관리와 디자인의 수월성, 팔릴 만한 제품을 적기에 공급해 주는 능력, 판매원 교육, 입지선정 등 본사의 꼼꼼한 경영 지원으로 점주들의 마음을 사로잡았다. 한번 이랜드 계열 매장을 하면 다른 회사로는 못 넘어간다는 말이 나올 정도였다. 이렇게 할 수 있었던 것은 이랜드가 다(多) 브랜드 전략을 취했기 때문이다. 보통은 한 브랜드의 매출이 늘면서 덩치가 커지면서 단위 관리비용은 떨어지는 것이 경영학의 법칙이다. 이른바 '규모의 경제'가 바로 그것이다. 하지만 이랜드는 단일 브랜드의 비대화가 가져올 부작용에 더욱 신경을 썼다. 같은 브랜드를 가지고 영업을 하는 점포가 너무 가까운 거리에 다닥다닥 붙어 있어 제살 깎아 먹기식 장사를 하게 되는 상황을 경계한 것이다. 그래서 이랜드는 한 브랜드의 직원 수를 300명, 전국 매장 수는 200개를 넘지 않도록 적절한 시기에 새로운 브랜드를 론칭하는 전략을 택했다. 같은 캐주얼 내에서도 이랜드, 브렌따노, 헌트, 후아유, 티니위니 등 세포분열을 거듭한 것은 그런 이유 때문이다.

  프랜차이즈 사업이 궤도에 오르자 이랜드는 상권이나 매장 입지 선정뿐 아니라 가맹점주를 선발할 때도 엄격한 기준을 적용하기 시작했다. 본사의 경영이념을 이해하고 철저한 기업가 정신을 가진 사업 파트너만을 선발해 매장을 낼 수 있도록 했다. 이렇게 영 까다롭게 구는데도 매년 이랜드의 창업 설명회에는 수만 명이 몰려든다. 자영업자들 사이에서 "이랜드랑 같이 하면 돈을 번다."는 입소문이 쫙 퍼져 있기 때문이다. 회사에 의해 선택된 점주들은 이랜드식의 철저한 교육으로 무장시킨다. 전국 주요 상권 매장의 경우엔 활성화 여부가 해당 브랜드의 이미지를 결정하므로 매장 운영을 전적으로 점주에게만 맡기지 않는다. 관리 사원을 따로 두고 점주를 도와 마케팅을 기획, 실행하도록 하고 있다. 이랜드만의 현장 중심적이고 지역 밀착적인 마케팅 아이디어는 대부분 이들의 머릿속에서 나온다고 보면 된다.

초기 자본의 열세를 프랜차이즈로 극복하되 자칫 제각각으로 돌아가는 매장과 자의적으로 운영하는 점주들로 인해 회사의 브랜드 가치를 떨어뜨리는 것은 철저히 막은 것이 이랜드 패션사업의 성공 비결이었다. 직영점을 많이 낼 돈이 없는데도 직영점을 늘린 것과 똑같은 효과를 누리는 프랜차이즈 매장 운영 노하우가 기업으로 변신한 이랜드의 첫 번째 '이랜드 웨이'라고 해도 과언이 아니다.

② 부동산 없이도 장사는 할 수 있다

패션 부문이 고도 성장기(1988~1993년)를 지나 성숙기(1994년부터로 보고 있음)로 접어든 이후 이랜드는 사업다각화를 통해 재도약을 모색하게 된다. 이때부터 이랜드는 과감한 인수합병(M&A)을 통해 또 다시 급성장한다. 자산총액 기준 재계 순위 26위(2007년 공기업 제외)로까지 도약하기에 이른다. 이랜드는 M&A를 '실탄' 없이 하는 것으로 유명하다. 대신 신종 M&A 기법을 갖고 와 자기 돈 없이 기업을 집어삼켰다. 이랜드 덕분에 한국의 경영학도들이 '케이스 스터디' 할 내용이 풍부해졌다는 얘기까지 나올 정도다.

변화의 주역으로 권순문 이랜드건설 대표를 꼽는 것에 이랜드 사람들 누구도 주저하지 않는다. 그는 최근까지 이랜드 그룹의 핵심 중의 핵심이라고 할 수 있는 M&A팀을 이끌면서 뉴코아, 해태유통(지금의 킴스클럽마트), 삼립개발(지금의 레저비스), 한국까르푸(홈에버로 리뉴얼했다가 영국 테스코에 매각) 등 굵직굵직한 M&A건을 성사시켰다.

그의 M&A 역사는 1990년으로까지 거슬러 올라간다. 권 대표는 현재 이랜드월드의 장부상 모체가 된 (주)귀주를 인수하면서 M&A라는 분야를 처음 접했다. 재미를 느낀 그는 당시 직원 4명과 스터디모임을 꾸리고 《하버드 비즈니스 리뷰》 등 외국 경영 관련 간행물을 읽어가며 M&A 기법을 연마해 나갔다.

그 중 대표적인 게 바로 '세일 앤 리스백(Sale & Leaseback)' 방식이다. 이랜드가 많이, 또 효과적으로 사용한 기법이어서 이제는 이랜드의 트레이드마크처럼 통한다. 세일 앤 리스백이란 영어 표현 그대로 매장 건물을 팔아 현금을 확보하고 대신 동시에 매장을 빌리는 계약을 체결해 영업은 계속할 수 있도록 하는 방법이다. 건물을 소유하느라 돈을 묶어 놓는 대신 팔아치워 현금을 확보하고 임대료를 충당할 수 있을 정도의 영업이익률을 올리는 일에만 매진한다는 전략이다. 우선 매장 건물부터 팔아버리고 그것을 장사를 더 잘하기 위한 동력으로 삼는다는 이랜드식 '역발상 경영'은 뉴코아를 인수해 회생시킬 때 결정적으로 빛을 발했다.

이랜드가 2003년 뉴코아를 인수하면서 들인 돈은 8353억 원에 달한다. 여유자금이 많지 않았던 이랜드는 자금의 대부분을 차입으로 조달해야 했다. 돈을 꾸러 다니면서 이랜드는 전주(錢主)들에게 미리 약속을 걸었다. "인수에 성공하면 매장을 팔아서 돈을 갚겠다."고. 돈을 빌려주는 입장에서는 부담이 덜한 제안이다. 이런 식으로 5000억 원대의 자금을 끌어 모은 이랜드는 뉴코아를 인수한 뒤 매장 건물 등 부동산을 팔아 돈을 갚았다. 대신 건물과 매장은 장기 임대해 영업했다. 부동산을 사들인 인수 주체들은 이랜드가 영업을 통해서 수익을 창출해 꼬박꼬박 임대료를 주기로 한 약속을 믿고 선뜻 건물 매입에 응했다. 그전까지 이랜드가 2001아울렛 등에서 보여준 실력이 있었기에 가능한 일이었다.

③ 메자닌 파이낸싱 기법 도입

이랜드가 2006년 1조7500억 원(최종 인수대금은 1조6000억 원선으로 이보다 조금 낮았다)에 한국까르푸를 인수한다고 발표하자 일각에서는 '이랜드가 정말 그만한 돈이 있다는 얘기냐?'며 의아해하는 분위기가 역력했다. 하지만 정작 이 M&A를 위해 이랜드가 자체 투자한 돈은 3000억 원에 불과했다. 8000억 원 정도는 은행에서 빌렸고, 나머지 5000억 원은 메자닌 파이낸싱으로 끌어들였다. 총 인수 대금의 3분의 1 가까이를 차지하는 메자닌 기법의 자금 조달법에 재계와 금융계의 관심이 쏠린 것은 물론이었다.

메자닌 파이낸싱(Mezzanine Financing)이란 배당우선주, 신주인수

권부사채(BW) 인수권, 전환사채(CB) 등의 주식 관련 권리를 주는 대신 담보 없이 자금을 빌리는 기법이다. 즉 전주(錢主)가 주주와 채권자의 중간쯤에 어정쩡하게 위치하면서 돈을 대는 모양을 취한다. 나중에 회사가 잘되면 주식을 받아 차익을 남길 수 있도록 하고 그렇지 않으면 이자를 받아 갈 수 있게 해주는 것이다.

원래 이탈리아어로 '메자닌'은 건물의 1층과 2층 사이에 있는 중층 라운지를 뜻한다. 이 단어가 금융기법을 뜻하는 이름이 된 것은 메자닌 파이낸싱으로 내주는 돈이 담보 대출과 신용 대출의 사이에 있다는 의미 때문이다. 주로 성장성은 분명하되 담보가 부족하고 자체 신용으로도 자금 조달이 어려운 벤처기업 등의 자금조달법으로 통하던 기법이다. 그런데 이랜드는 돈을 대준 측이 나중에 출자전환권을 행사해 대주주가 되더라도 경영에는 참여하지 않는다는 조건을 걸었다. 전주들이 이를 수락한 것은 이랜드의 경영능력을 믿어서라는 평가가 대부분이다.

이랜드 측은 기본적으로 매년 발생하는 당기 순이익을 통한 내부 유보자금으로 차근차근 대출을 갚아나간다는 계획이었다. 하지만 비정규직 사태에 휘말리면서 수익성이 삐끗하는 바람에 약간의 차질을 빚다가 2008년 5월 영국계 할인점업체 테스코에 매각하는 수순을 밟게 된다. 이 과정에서 이랜드는 약 4000억 원의 차익을 실현했다. 물론 직원들과의 화합에 성공해 직접 매장을 운영했을 때 거둘 수 있었던 기회비용을 생각하면 미흡한 금액이지만 민주노총까지

가세한 노조의 매장점거의 와중에서도 그만한 기업가치를 인정받았다는 것은 이랜드였기에 가능했다는 평가다.

　홈에버 재매각과 함께 국제상사 인수 무산은 이랜드에게 있어 뼈아픈 M&A 실패 사례로 남아 있다. 당시 이랜드는 법정관리 중이었던 국제상사의 의결권이 없는 '구주'를 사들이는 모험 투자를 했다. 하지만 법원은 경영 실패의 책임을 일정 부분 내포하고 있는 구주권의 온전한 권리를 인정하지 않으면서 제3자 배정방식의 유상증자를 통해 국제상사를 E1에 매각토록 결정한다. 이랜드는 이후 '제3자 매각 작업을 중단해 달라'는 가처분 신청을 냈지만 이마저 받아들여지지 않았고 결국 국제상사는 E1의 수중에 떨어지고 만다. 이랜드는 구주권에 대한 매수청구권을 활용해 홈에버 매각 때와 마찬가지로 수천억 원대의 차익은 남겼지만 경영권 확보에는 결국 실패했다. 만약 이랜드가 법원의 우호적인 결정을 이끌어 내 국제상사 인수에도 성공했더라면 '의결권 없는 법정관리 기업 주식을 사들이는' 새로운 M&A 기법이 또 하나 자리 잡았을 지도 모를 일이다.

성공하는 사업을 위한 이랜드 식으로 실천하기 ⑨

새로운 인수합병의 세계, 세일 앤 리스백

'세일 앤 리스백'이란 갖고 있는 고정 자산을 우선 매각한 뒤 다시 빌려 쓰는 것을 말한다. 자산 유동화 방식의 일종이라고 할 수 있다. 이랜드처럼 건물을 유동화하는 것에서 더 나아가 이제는 제조업체가 공장 설비를 갖고 세일 앤 리스백을 통해 운전자금을 조달하는 경우도 생겨나고 있다.

2008년 초 기아자동차의 자금조달 방식이 바로 그런 케이스였다. 그런데 이 회사 노조는 광명 소하리공장의 기계설비 일부를 GE캐피탈코리아에 매각하고 다시 임대하는 방식으로 2500억 원을 조달한 것을 두고 "생산설비를 매각함에 따라 고용불안이 높아질 것"이라는 이유로 파업을 선언하기도 했다. 그러나 이는 세일 앤 리스백을 제대로 이해하지 못해서 생기는 오해에 지나지 않는다. 즉 이 방법을 통한 자금조달은 공장 설비를 단순히 팔아치우는 것과는 다른 데도 이를 제대로 이해하지 못한데서 생겨난 해프닝이었던 셈이다.

국내·외 기업들은 운영자금, 투자자금, 기업 인수합병(M&A) 자금 등을 마련하는데 이 같은 기법을 즐겨 사용하고 있다. STX팬오션(당시 범양상선)은 외환위기 때 보유 중이던 자동차운반선 2척을 노르웨이 HUAL사에 매각한 뒤 임대했다. 배 값이 많이 올라서 선박을 팔고 빌려 쓰는 게 회사 수익면에서 더 나았기 때문이다. 이랜드와 경쟁관계에 있는 롯데쇼핑도 2008년 초 M&A 재원 확보 등을 위해 롯데마트 제주점과 인천 항동점, 대전 대덕점 등 3개 매장을 외국계 부동산 투자회사 ING KPI에 매각한 뒤 14년간 재임대해서 운영하는 계약을 맺은 바 있다.

SK는 세일 앤 리스백을 하면서 '재매입 청구권'을 옵션으로 붙인 특이한 사례를 갖고 있다. 이 회사는 서울 서린동 사옥을 4400억 원에 신한은행-메릴린치 컨소시엄에 팔아서 급한 돈을 만들었지만 임대해 쓰다가 다시 매입하고 싶을 때 시세만큼을 부담하고 다시 사들일 수 있게 해뒀다는 얘기다.

현금을 많이 갖고 있는 기업이 아니라면 일시적으로 자금 수요가 높아지는 경우가 항상 생길 수 있다. 이때 갖고 있는 자산을 담보로 잡히고 필요한 만큼의 돈을 금융기관으로부터 빌리는 방법도 있지만 담보가치는 항상 시세보다 낮게 평가되기 마련이어서 원하는 만큼 대출받지 못하는 경우가 생길 수 있다. 이때 자산을 팔아서 재임대하면 평가 시세액 전부를 융통할 수 있다는 장점이 있다.

3
4P로 보는 이랜드의 블루오션 전략

　지금까지 우리는 이랜드의 눈부신 성장을 가능케 한 '이랜드 웨이'를 우선 두 가지 측면에서 살펴봤다. '지식경영'을 모토로 인적 자원의 채용과 교육 개발 등에 투자를 아끼지 않았다는 점, 그리고 자본과 기술 등 성장을 위한 기초 재원의 부족에도 불구하고 '할 수 있다는 의지'를 불태운 결과 프랜차이즈 방식을 동원하고 선진 M&A 전략을 구사함으로써 결핍을 극복해 낸 사례들이었다.
　이제부터는 보다 근본적이면서도 사업의 현실에 녹아 있는 이랜드 웨이를 찾아보자. 앞서 언급한 부분이 이랜드 성공의 잠재조건이라면 지금부터 소개하는 이랜드 4P 전략은 이랜드 성공의 직접적인 요인이라고 할 수 있다. 앞서 이랜드 스피릿을 정리하면서 부분 부분 언급됐던 것들도 있지만 그것까지 포함해 이랜드의 성공 비결을 요약하자면 다음과 같다.

"잠재적 수요가 많은 제품(Product)을 만든 뒤, 소비자가 납득할만한 가격(Price)을 붙여, 찾아오기 쉬운 장소(Place)에서, 효과적인 판촉(Promotion) 수단을 동원해 팔았다."

요즘 하는 얘기로 '블루오션'을 창출했다는 얘기다. 경영학의 전통적인 개념을 동원해 이를 요약하면 '마케팅 믹스'가 우수했다는 것이 된다. 마케팅 믹스란 '목표의 효과적인 달성을 위하여 마케팅 활동에서 사용되는 여러 가지 방법을 요령껏 조정·구성하는 일'을 뜻한다. 전통적으로 이는 네 가지 요소 즉 '4P'로 설명하는 것이 보통이다. 이랜드의 마케팅 믹스를 4P로 분석해 보면 이랜드의 성공 방정식을 보다 간결하고 뚜렷하게 파악할 수 있게 된다.

상품(Product)

이랜드는 패션 사업에서 고가 백화점 시장과 저가 재래시장의 중간 지대를 공략하는 방법을 택했다. 지금은 일반화된 중가 캐주얼 시장을 처음 열어젖힌 것이다. 처음 이랜드가 법인화와 다점포 전략을 시작할 때만 해도 그곳은 '틈새시장'으로 인식되고 있었다. 하지만 이랜드는 그 시장이 결코 '좁은 틈새'가 아니라 '넓고 푸른 바다(블루오션)'였음을 입증해 냈다. 그 열쇠는 바로 '상품'에 있었다.

1990년대 중반까지 이랜드 임직원들은 회사일로든 개인적인 용무를 위해서든 미주와 유럽 지역에 갈 때면 누구나 바퀴가 달린 커다란 트렁크를 두 개씩 들고 나갔다. 회사에선 한 사람당 200달러를 쥐어주고 눈에 띄는 옷이 있으면 닥치는 대로 사가지고 오게 했다. 인터넷이 발달하지 않았던 시절이라 직접 직원들에게 샘플을 사냥해 오도록 한 것이다. 이를 통해 회사에서는 선진국의 패션 동향을 파악하고 디자인에 참고할 수 있었다.

귀국하는 이랜드 직원들마다 양손에 두 보따리씩 옷짐을 지고 들어오자 당시 김포세관에서는 이랜드를 '요주의' 대상 기업에 올리고 집중 감시하기도 했다. 그래서 '밀수품'이라는 세관의 오해를 피하고 샘플이라는 점을 분명히 하기 위해 이랜드맨들은 사들인 옷의 목 뒤 라벨을 가위로 자르고 전면에 매직펜으로 커다랗게 가위표를 치는 등 특별 조치를 하기도 했다는 얘기는 지금까지도 초창기 이랜드맨들의 전설로 후배들에게 회자되고 있다.

이 같은 노력을 통해 이랜드는 캐주얼 의류 기획에 대한 노하우가 부족한 상태에서도 각 브랜드별로 다품종 생산을 실현시켰다. 중가 캐주얼로는 보기 드물게 이랜드, 브렌따노, 언더우드 등은 매 시즌 각각 100여 개가 넘는 스타일을 선보였다. 경쟁업체들은 충격에 빠질 수밖에 없었다. 가장 위협을 느낀 쪽은 아무래도 다품종 소량 생산과 백화점을 통한 고가 판매로 수익을 내던 백화점 브랜드들이었다.

이랜드는 다품종이면서도 소량이 아닌 '대량 생산'에 도전했다.

가격대로는 '중가(中價)존(zone)'을 공략하는 제품만 내놨다. 고객이 만족할만한 합리적인 품질 수준을 유지하기 위해 전 직원이 매달렸다. 철저한 사전 기획을 통해 원단을 다량 구매하면서도 그로 인해 필연적으로 생길 수밖에 없는 원단 자투리를 해결하기 위한 디자인까지 해가면서 재고를 최소화했다. 거래선에 대해 전액 현금결제를 실시해 가격 협상력을 높이기도 했다. 의류업계의 기존 상식을 깨는 이랜드의 이 같은 도전은 좋은 품질의 제품을 싼 값에 공급할 수 있게 하자는 이랜드 창업 초기의 경영이념을 실현케 했다. 물론 덤으로 커다란 성공이 뒤따랐음은 두말할 필요도 없다.

당시 한 경쟁업체가 이랜드의 원가절감 노하우를 알아내기 위해 헌트 제품 한 벌을 사다가 조각 조각 오려내 샅샅이 연구했다는 일화는 업계에서 알 만한 사람은 다 아는 유명한 일화다. 하지만 이 업체는 "우리 회사에선 이만한 제품을 결코 이 가격에 만들 수 없다."는 결론을 내리고 포기했다고 한다. 보다 못한 이 회사 관계자들은 "이랜드 옷은 해외의 통일교 신자들이 착취해서 만들고 있다."는 헛소문을 퍼트려 이랜드를 곤경에 빠뜨리기도 했다.

한편 이랜드는 비록 싼 값의 제품이라도 거창한 브랜드로 포장해 팔았다. 이랜드, 브렌따노, 언더우드, 헌트 등으로 이어지는 초창기 브랜드들은 시장 세분화 전략을 담고 있다. 그리고 성공한 브랜드를 다른 복종으로 확장하는 서브 브랜드(sub-brand) 전략 역시 효과적으로 시장공략에 일조했다. 이랜드주니어, 리틀브렌, 베이비헌트 등이 그 사례다. 이 두 가지 브랜드 전략은 이젠 몇몇 브랜드 마케팅 교과서에까지 실릴 정도로 유명해졌다. 만드는 곳은 하나지만 브랜드를 잘게 쪼개 고객들의 선택의 폭을 넓히는 한편 다양한 고객의 수요를 만족시킬 수 있었다. 가두점 상권의 한정된 고객들을 붙잡아 매출을 향상시키는 데도 이 같은 다(多)브랜드 전략은 매우 유용했다.

고급스러운 쇼핑백과 라벨 등 간접적인 요소들로 상품 가치를 끌어 올린 점도 빼놓을 수 없는 이랜드만의 시장공략 방법이었다. 초창기 이랜드는 주로 유럽 귀족의 휘장과 문양을 집중적으로 수집해 상표 및 쇼핑백 디자인에 활용했다. 서양에서 부와 고귀함을 상징하는 붉은색도 과감하게 사용했다. 때문에 이랜드의 각 브랜드별 쇼핑백은 그 자체로서 하나의 광고 수단으로 기능하기까지 할 정도였다. 이 역시 철저한 해외 시장 조사와 벤치마킹을 통해 건져 올린 소중한 성과 중 하나였다. 지금도 이랜드 상표관리파트 직원들은 세 달에 한번 꼴로 해외로 나가 독특한 간판, 문양, 디자인, 글자체 등을 카메라에 찍어 오곤 한다.

대리점을 통한 상품 교환 서비스도 호평을 받았다. 이랜드는 보세옷 가게를 할 때부터 이대 앞 본점에서 산 옷을 숙대점, 성신여대점 등 다른 점포에서까지 교환 및 환불이 가능하도록 했다. 간단한 수선은 인근 세탁소와 연계해 바로바로 해줬다. 지금은 이 같은 시스템이 일반적이지만 당시로선 파격적인 서비스였다. 1995년부터는 각 브랜드의 수선실을 하나로 묶어 사장실 직속의 '이랜드 고객상담실'

로 승격시켰다. 수선실을 통해 고객들의 불만을 아주 사소한 부분까지 잡아내고 향후 상품 개선에 곧바로 활용할 수 있도록 하는 '전진기지'로 만든 것이다. 이랜드 패션부문은 수선을 맡긴 이들이 불만을 느끼는 사항을 의류의 부분 부분별로 집계한 뒤 이를 데이터베이스로 만들어 축적하고 있다. 패션업계 한 관계자는 "이랜드의 수선실 데이터를 모조리 빼낸다면 수천 억 원의 가치는 족히 될 것"이라고 귀띔하기도 했다.

가격(Price)

이랜드의 가격 책정법에 대해서는 앞서 간단히 소개한 바 있다. 이랜드 스피릿 중 하나인 '남 중심적 사고'의 개념을 가격 정책에 도입한 것이 특징이다. 이랜드가 등장하기 이전까지 의류회사들은 대부분 공급자적 마인드에서 가격을 매겼다. 즉 원가가 A원이라면 최종 판매가에서 백화점 수수료가 30% 나가고 소진율 70%를 목표로 하면 30%가 '로스(loss)'로 남으니 적정 마진까지 고려하면 판매가는 최소한 4A는 돼야 한다는 식이다. 하지만 중간에 세일로 한번 가격을 후려쳐야 할 때가 오기 때문에 시즌 초반 정가는 보통 5A~6A 수준에서 결정되는 게 보통이다.

하지만 이랜드는 달랐다. 이랜드는 자사 브랜드 옷값에 '국민소득 가격'이라는 개념을 도입했다. 만약 점퍼 한 벌을 판매한다고 하면 과연 보통의 한국 가구는 그 옷에 어느 정도의 돈을 지불할 능력이 되는가를 생각하는 것이다. 즉 가구당 가처분 소득 수준에서 거꾸로 옷값을 역산해 내는 방식이다. 의류업계 관계자들은 옷값에 거품이 끼는 이유를 크게 두 가지로 설명한다. 백화점 수수료와 재고 부담이 그것이다.

이랜드는 이 두 가지 요인을 모두 극복해 냈다. 초창기 이랜드는 가두점만 공략했지 백화점에는 눈길도 주지 않았다. 또한 재고를 없애기 위해 구매부 사원에서부터 일선 판매사원까지 매장회전율, 납기준수율, 제조이익률 등 각종 경영지표를 줄줄 외우고 다닐 정도였다. 아울러 여러 매장에서 각각의 변수들이 판매에 어떤 영향을 미치는지도 체계적으로 연구했다. 덕분에 이랜드는 한참동안 평균 3%라는 경이적인 수치의 재고율을 달성해 냈다. 일반적으로 패션업계에서 한 자리수 재고율에 도달하려면 실력뿐 아니라 날씨, 기온 등이 옷을 팔기 좋도록 형성되는 운까지 따라 줘야 하는 것으로 여겨졌다. 어느 정도는 '신의 영역'이라는 얘기다. 하지만 이랜드는 그것을 인간의 힘으로 해냈다.

또한 회사 운영비가 옷값에 전가되지 않도록 피눈물 나는 비용 절감 노력을 마다하지 않았다. 이랜드의 신규 브랜드 출범은 대부분 구로 옛 사옥 지하 창고에서 이뤄졌다. 지하 창고 한 켠에 세모꼴로 칸막이를 친 뒤 '신사업추진팀'이라는 명패를 단다. 그곳에서 초기 브랜드 론칭 작업을 수행하는 것이다. 브랜드가 시장에 안착하고 나서야 이 팀은 비로소 정상적인 사무실을 갖게 된다. 또한 이들이 비워준 공간은 또 다른 신사업을 구상하는 팀이 차지하고 들어간다. 이랜드는 또 웬만한 사무실 집기는 중고로 채워 넣는 것으로도 유명하다. 현재 창전동 사옥 건물도 낡은 학교 건물을 매입해 직원들이 손수 닦고 칠하고 꾸며 새 집처럼 쓰고 있다.

이랜드 패션브랜드 수는 2007년 말 현재 60개에 달하지만 구매와 생산에 있어서는 그룹 전체 물량을 단일 창구에서 주문 발주하는 방식을 택하고 있다. 바잉 파워를 높여 원가 절감에 보탬이 되도록 하기 위해서다. 내놓는 브랜드마다 불패신화를 이어간 것은 이처럼 제품의 질 저하 없이도 고객들이 흔쾌히 지불할 가격에 옷을 내놓은 때문이다.

판촉(Promotion)

이랜드는 광고를 많이 하지 않는 회사로 유명하다. 대신 '만족을 느끼고 매장문을 나서는 고객이 가장 좋은 광고 매체이자 그들이 퍼뜨리는 입소문이 가장 효과적인 광고 카피'라는 원칙을 갖고 있다. 이랜드의 이러한 전통, 즉 광고를 최소화하는 전통은 최근까지도 이어졌다. 이는 생각지 못한 부작용을 낳기도 했다. 평소 광고를 윤활유 삼아 언론사와의 관계를 매끄럽게 풀어내지 못해 비정규직 사태를 맞아 회사의 사정 따위는 봐주지 않고 매일매일 생중계하듯 매장 점거 사태를 곧이곧대로 보도하는 언론으로 인해 매출에 더 큰 타격을 입은 측면도 있다. 영업에 한번도 차질을 빚지 않은 매장에까지 '오늘은 문을 열었느냐?'는 문의전화가 빗발친 것도 사태의 심각성이 본래 크기보다 더욱 크게 알려졌기 때문이다.

패션 브랜드는 출범 초기 우선 '붐업'을 시켜놓기 위해 엄청난 돈을 광고에 쏟아 붓는 것이 일반적이다. 특히 여성복은 빅 모델을 기용한 이미지 광고로 브랜드 가치를 높이기 위해 노력한다. 이랜드는 그러나 매체 광고를 거의 하지 않는 가운데서도 가끔 할 때는 독특하고 신선한 아이디어를 중시했다. 매체와 광고 시간대 선택에 있어서도 많은 사람이 볼 수 있도록 광고 전달률을 높이기 위해 애쓰기 보다는 건전한 매체들을 엄선해 브랜드 이미지를 좋게 관리하는 데 더 치중했다.

광고를 하지 않는 대신 개별 매장 단위의 판촉 이벤트는 매우 활발하게 진행했다. 또한 고객과의 최전선에서 일하는 판매사원을 보통의 '샵 마스터'라는 명칭 대신 '패션 어드바이저'로 높여 부르며 정기적으로 아카데미를 개최해 판매 촉진법을 가르치는 데 역점을 뒀다.

유통 및 상권(Place)

이랜드 그룹 계열 브랜드의 점포는 특유의 표준관리제도에 따라 운영된다. 이랜드는 지금까지 표준으로 정한 인테리어와 점포 외관을 반드시 따라야 하는 것은 물론이고 마네킹을 이용한 디스플레이의 순서와 방법까지 정해놓고 통일된 이미지를 가져가기 위해 노력했다. 4000개의 달하는 매장을 그물망처럼 엮어 지역별로 본사 사원이 배치돼 점주와 긴밀한 유대관계 속에 회사의 정책을 남김없이 구현시켰다.

이 표준은 전국 주요 상권에 촘촘히 박힌 매장들에서 수집된 정보와 자료를 바탕으로 수시로 업데이트되며 이는 또 다시 각 개별 매장으로 순식간에 적용되는 체계를 구축하고 있다. 그야말로 이랜드의 패션 부문이 갖고 있는 가장 큰 자산이라고 평가할 만하다.

점포 입지 선정에 있어서 이랜드가 탁월한 능력을 갖게 된 사정은 앞서 한 번 소개한 바 있다.(P.132~P.133) 직접 발로 뛰어 조사해 만든 이랜드의 상권 지도와 점포별 입지 등급은 철저히 대외비로 관리되고 있다. 이랜드가 특정 점포 자리를 A급으로 분류했다는 소문이 돌면 해당 점포의 권리금이 두 배로 치솟는 일도 종종 생길 정도다.

이랜드의 입지 전략이 갖고 있는 또 하나의 특징은 바로 '집중'이다. 보통 특정 상권에서 이랜드 계열 브랜드 점포들은 모여 있는 것이 보통이다. 이는 한 브랜드가 자리를 잡으면 그 양 옆에 또 다른 브랜드를 채워나가는 방식으로 출점하기 때문이다. 지방 상권의 경우 이런 현상이 더욱 두드러진다. 어느 중소도시를 대표하는 젊음의 거리 중 일부분을 '이랜드 거리'로 탈바꿈시켜 집객효과를 높이고 있다. 고객들 입장에서는 짧은 동선으로도 여러 브랜드를 구경할 수 있어 백화점에서 쇼핑하는 것과 같은 효과를 낸다. 백화점을 포기하고 가두점으로 나온 핸디캡을 극복하기 위한 포석이다. 백화점이 없는 지방에서 이랜드 계열 브랜드들이 더 많은 인기를 끄는 것도 그 때문이다.

성공하는 사업을 위한 이랜드 식으로 실천하기 ⑩

이랜드식 패션 어드바이저의 세계

옷을 사러 백화점이나 의류 매장에 가면 흔히 '언니~'로 통칭되는 판매원을 만날 수 있다. 이 중에는 보통의 판매원도 있지만 업계에서 보통 '샵 마스터'로 부르는 패션 어드바이저도 껴 있다. 매장에 최상의 제품을 적기에 공급하는 것에서부터 고객을 직접 상대하며 코디를 돕는 일까지 모든 일이 패션 어드바이저의 책임이다. 한마디로 의류 매장의 작은 CEO(최고경영자)라 할 수 있다.

이랜드는 다른 패션업체들이 매장 판매원을 '샵마(샵 마스터의 줄임말)'로 낮춰 부르며 경시할 때부터 고객과의 접점에 있는 이들의 중요성을 깨닫고 '패션 어드바이저'라는 그럴듯한 이름을 붙여 대접해주고 서비스 전문가로 키웠다. 각 브랜드별 프랜차이즈 매장에서 고용한 '샵마'를 데려다가 교육을 시켜 '패션 어드바이저'로 키워내는 것도 이랜드 본사의 중요한 일 중 하나였다.

지금은 패션 어드바이저를 단순히 판매만 하는 직원으로 생각하는 유통·패션 업체는 거의 없을 정도로 그 중요성이 높아졌다. 판매원이 아니라 고객을 가장 가까이서 만나는 브랜드의 얼굴로 인식하기 시작한 것이다. 의류 매장에서 고객의 쇼핑을 도와주는 것은 물론 개인적으로 단골손님을 관리해 새로운 매출을 지속적으로 창출해내는 것까지 패션 어드바이저의 역할이 됐기 때문이다.

　패션 어드바이저는 보통 휘하에 점원 4~5명을 거느리고 팀을 꾸려 매장 한 곳을 맡아 운영하는 게 보통이다. 판매사원에서 시작해 7~8년의 매장 경험을 쌓으면 패션 어드바이저가 될 수 있다. 형식상으로는 본사 또는 각 대리점의 직원으로 일하지만 사실상 매장을 개인 사업체처럼 독자적으로 운영해 나가면서 판매실적에 따른 수수료를 점주로부터 받는다. A급으로 분류되는 패션 어드바이저라면 수수료가 매출액의 5%선에서 결정된다. 성수기에 하루에도 1000만원대의 매출을 올리는 의류 매장이 수두룩하기 때문에 연봉 1억원쯤은 문제가 아니다.

　패션 어드바이저가 하는 일 중에서 가장 중요한 것은 판매 목표량을 채우는 것이다. 매장의 입지에 맞는 판매 전략을 세우고 상품 디스플레이를 어떻게 할지도 세부적으로 결정한다. 그날 그날 판매와 반품, 재고 등의 현황을 최종적으로 확인하고 판매수입의 입금을 책임지는 것도 이들의 몫이다. 고객관리도 패션 어드바이저의 책임이다. 한 번 찾아온 고객을 다시 매장으로 불러들일 수 있는 사교성과 카리스마가 필요하다. 개인적인 고민을 상담해 주거나 이벤트를 열고 사은품을 주는 것 등의 방법을 쓴다.

　매장에서 함께 일할 판매사원을 뽑는 권한도 패션 어드바이저에게 맡기는 경우가 늘고 있다. 자신이 뽑은 판매직원을 잘 관리할 책임을 져야 하는 것은 물론이다. 도제식 교육을 통해 판매기법과 고객응대

요령을 가르쳐야 한다. 고객 불만 사항을 처리하는 일도 도맡아 한다. 특히 까다로운 고객은 패션 어드바이저가 특별히 관리한다. 불화를 일으키지 않으면서 무난하게 처리하는 기술이 필요하다.

패션 어드바이저가 되려면 우선 다른 패션 어드바이저 밑으로 들어가서 일하면서 배우는 방법이 가장 빠르다. 백화점이나 패션 브랜드 매장의 판매직원 채용 공고에 따라 이력서를 내고 면접을 치르면 된다. 주니어-시니어-슈퍼바이저를 거쳐 한 매장을 책임지는 패션 어드바이저가 되는 것이 보통이다. 다만 출발이 같다고 누구나 똑같은 속도로 이 단계를 밟아 올라가는 것은 아니다. 또 학력을 따지지 않고 무조건 실력으로만 승부하는 것도 이 세계의 매력 중 하나다. 아래 사이트에 접속하면 더 많은 정보를 얻을 수 있다.

샵마넷— 패션 의류 매장 취업 정보 사이트
http://www.shopma.net
고시인프라 — 패션 어드바이저 교육 인터넷 강좌
http://www.gosiinfra.co.kr
사단법인 한국직업연구진흥원 — 패션 비지니스 전문교육기관
http://www.kivd.or.kr

4
여성의 잠재력을 활용하라

　1993년 이랜드는 대학생들을 상대로 한 취업 인기도 조사에서 당시 쟁쟁한 대기업들을 여럿 제치고 대학생들이 가장 선호하는 기업으로 당당히 6위에 올랐다. 특히 여학생들은 가장 가고 싶은 회사 중 두 번째로 이랜드를 지목했다. 박성수 회장은 평소 "여성들은 어학, 의사소통, 디자인 등의 영역에서 상대적으로 남성에 비해 뛰어난 능력을 발휘할 수 있는 잠재력을 갖고 있다."고 말해 왔다. 그래서 여성들이 회사를 다니면서 자신이 가진 능력을 십분 발휘하지 못하는 요인이 무엇인지를 찾아 여성들의 능력을 발휘할 수 있는 여건을 마련해 뭔가 다른 회사와는 확연히 다른 직장풍토를 조성하도록 인사팀에 끊임없이 요구했다.
　이 때문인지 여사원에 대한 처우에서 이랜드는 다른 기업들과 확연히 달랐다. 지금은 다 옛날 얘기지만 1990년대 중반까지만 해도 특별한 직급이 없는 여사원을 '미스리' '미스김' 등으로 부르는 것이 일반적이었다. 하지만 이랜드는 이 같은 호칭법을 일절 금지시키고 남자 사원에 대해서와 마찬가지로 '~씨' 또는 '~님'으로 부르도록 했다. 또 여사원도 열외 없이 야근 등에 빠짐없이 동참하게 했다. 언뜻 여성들에게 가혹한 것처럼 보일 수도 있지만 이 같은 정책으로 여성 직원들은 오히려 회사에 대한 자부심을 가졌다. 이런 동등한 회사 처우를 통해 '나도 이 회사의 당당한 구성원 중 하나'라는 생각을 여직원 스스로 할 수 있게 해줬기 때문이다.

앞서 소개한 것처럼 최고경영진에서부터 말단 직원까지 청소와 정리 정돈은 스스로 하는 문화 역시 여성들에겐 반가울 수밖에 없었다. 청소뿐만 아니라 회사 내에서는 성별과 직급을 막론하고 사적 업무는 본인이 직접 하도록 했다. 따라서 보통 나이 어린 여직원에게 집중되기 마련인 책상 닦기 등 허드렛일은 일체 하지 않고 본인의 업무에만 집중할 수 있는 여건이 마련된 것이다.

기독교 문화의 영향으로 본인 의사에 반하는 강제적 술자리가 없는 것도 여성들에겐 이랜드의 매력 포인트로 꼽힌다. 술자리 대신 영화나 뮤지컬 관람 등으로 부서 단합 모임을 대체하는 경우가 많았고 회사 직원들끼리 모이는 체육대회 대신 가족 동반 스키캠프를 열어 기혼 여성들의 휴일 참석 부담도 덜어줬다.

'유리 천장' 없는 회사

직장생활을 하는 여성들에게 좋은 회사란 비단 근무하기 좋은 여건이 전부는 아니다. 회사 생활을 하는 여성들에게 가장 큰 좌절로 다가오는 것은 역시 승진 등에 있어서의 차별과 불이익이다. 대부분의 회사에서 여성들은 일정 직급 이상 올라가기가 힘든 것이 사실이다. 이를 '유리 천장' 이라고 부르기도 한다. 위는 뚜렷이 보이는데 올라가려 하면 벽에 부딪히고 만다는 뜻에서다. 남성들과 똑같이 일했지만 끝내는 그들에게 밀려 자아를 온전히 실현할 수 없다는 사실은 여성들에게 열심히 회사 일을 하려는 의욕을 꺾어 놓는다.

이런 측면에서 이랜드 그룹은 창업 초기부터 여성이 일하기 좋은 환경을 만드는 노력을 펼치는 것과 아울러 성차별 없는 채용 및 승진 제도를 운영하고 있다. 우선 채용에서부터 성차별적 요소를 제도적으로 차단하기 위해 노력해 왔다. 그 중 대표적인 것이 여성 선발 땐 여성 관리자만 면접을 보도록 한 제도다. 이랜드 그룹은 회사의 모양새를 갖추고 공채를 시작한 시점부터 이같은 원칙을 유지하고 있다. 관리자의 대부분이 남성이기에 남성 중심적인 사고방식이 개입돼 능력이 다소 떨어지더라도 남성을 위주로 선발하는 것을 원천적으로 차단하겠다는 취지다. 2006년부터는 인터넷 입사지원 서류에 성별과 학력을 쓰는 란을 아예 없애 버렸다. 서류를 거르는 단계부터 성별에 대한 편견이 일체 개입되지 않도록 하기 위해서다.

채용 단계에서 남녀 차별이 없도록 철저히 배려하는 회사 정책은 이랜드 그룹의 높은 여성인력 비중에서도 잘 나타난다. 이랜드의 여성인력 비중은 매년 늘어나 2006년 말 기준으로 전체 직원의 약 45%를 차지하고 있다. 국내 매출액 100대 기업(금융감독원 제출 사업보고서 기준)의 평균 여직원 비율이 22% 정도에 머무르고 있는 것과 비교하면 두 배가 넘는 수치다. 이 중에서도 특히 과장급 이상 간부의 여성 비율이 40%에 이르고 있는 것은 승진과 권한 부여에 차별이 덜하다는 것을 입증한다. 각 사업부문 본부장을 맡고 있는 여성도 20명이 넘는다. 여성복, 아동복, 이너웨어, 액세서리, 광고, 인테리어 등의 부문 책임자는 각각 여성이 맡고 있다.

출산 육아와 직장생활 병행 가능

이랜드는 급여, 휴가 등 각종 처우면에서도 오히려 남성들이 '역차별'을 호소할 정도로 여성에 대한 배려가 잘 이뤄진다. 2000년 급여체계를 연봉제로 바꾸면서 군복무와 관련된 남녀차별 조항을 철폐한 것은 다른 회사에서 흔히 찾아 볼 수 없을 만큼 획기적인 조치로 받아들여지고 있다. 대개는 연봉제 전환 때 기존 호봉 체계를 고려하기 마련이다. 이때 호봉에는 군복무 기간이 산입되기 마련이어서 당시 이랜드에서는 이를 그대로 반영하면 남녀 차별 소지가 있다고 판단해 이 부분을 바로 잡아 연봉을 산정하게 된 것이다.

기혼 여성을 배려해 잠재력을 충분히 발휘할 수 있도록 해준 것도 회사의 큰 자산이 됐다. 이랜드의 절반 가까이 되는 여직원 중 또 그

절반은 기혼 여성이다. 기혼 여성의 70%는 자녀를 두고 있다. 회사는 결혼 여부와 자녀 출산이 직장생활에 아무런 영향을 미치지 않도록 배려 프로그램을 시행한다. 1996년부터 임신 여직원을 대상으로 회사에서 모유 수유법 교육, 라마즈 호흡법 강의 등을 마련했다. 출산을 하면 법정 휴가(90일)를 철저히 보장하고 휴가가 끝난 뒤 회사로 돌아와서도 다른 걱정 없이 일에 열중할 수 있도록 모유 착유기를 갖춘 별도의 착유 공간 및 냉장보관시설 등을 갖췄다. 하루 90분씩 모유를 짜서 모을 시간을 보장해 직장을 다니면서도 모유 수유가 가능하도록 배려한 것이다.

결혼하고 애 낳고 와도 자르기는커녕 각종 배려를 아끼지 않는 회사에 여직원들이 충성을 다 바치는 것은 어찌 보면 당연한 일이다. 특히 이랜드가 자랑하는 디자인 부문의 뛰어난 경쟁력은 이 같은 여성친화정책을 적극적으로 펼친 덕분이다. 각 브랜드별 실장급 핵심 인력의 연령대는 보통 35~40세 정도가 대부분인데 이들의 결혼과 출산에 따른 부담을 최대한 덜어줘 핵심 역량을 갖춘 중견 여성 간부들이 그들이 갖고 있는 잠재력을 100% 발휘해 오늘의 저력 있는 이랜드를 만드는 데 크게 일조했다는 것이 회사 관계자들의 한결 같은 평가이다.

여성친화경영에 대한 외부의 평가도 후하다. 1997년에는 서울시가 선정하는 '여성 우대 기업'에 뽑혔다. 2004년 전문직여성한국연맹(BPW)로부터 최고상인 'Gold Award'를 수상하기도 했다. 이랜드는 여성이 수요층의 대부분인 패션 및 유통 시장에서의 패권을 노리고 있다. 이런 회사가 여성이 신바람 나게 일할 수 있는 직장이 되기 위해 힘쓰고, 여성의 경쟁력을 회사의 경쟁력으로 끌어내기 위해 노력하는 것은 어찌 보면 당연한 일일 수도 있다. 당연한 일, 꼭 해야 할 일이라면 일관되게 실천하는 것이 바로 '이랜드 웨이'가 아닌가.

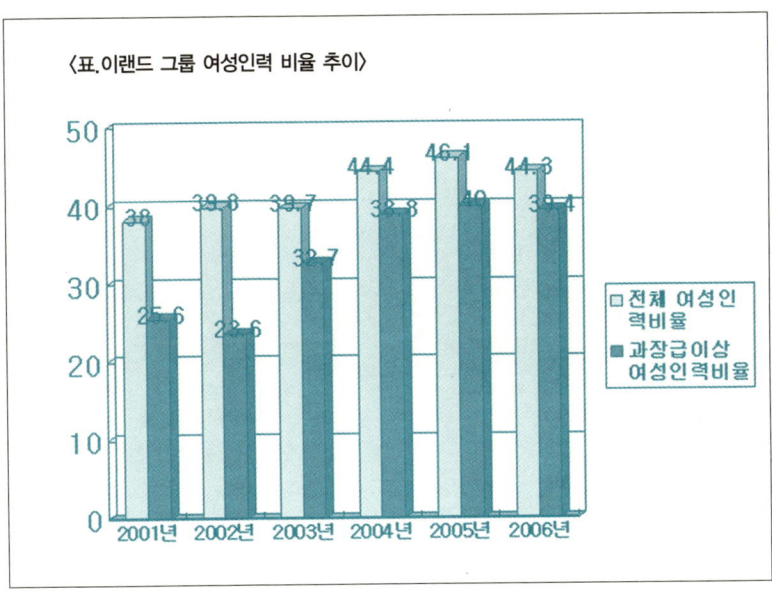

〈표. 이랜드 그룹 여성인력 비율 추이〉

여성복지우대정책으로 회사 경영상태가 좋아진 사례

과거 여성 직장인들은 '아이와 직장 중 택일'을 강요받기 일쑤였다. 지금껏 한국은 인력 공급 초과 시대였기에 가정생활에 대한 특별한 배려가 필요하다면 여성을 차라리 쓰지 않는 편을 택했다. 하지만 이젠 원하는 인력을 언제든지 공급받을 수 있는 시대는 끝났다. 경험 있는 숙련 인력 확보는 이제 기업 경쟁력의 키워드가 됐다. 특히 여성의 끈기나 섬세함이 필요한 분야의 기업들은 우수 여성 인력 확보에 기업의 사활을 걸기도 한다. 이런 기업들일수록 여성친화경영에 앞장서기 마련이다.

린나이코리아는 1987년 '린나이 어린이집'을 설립해 19년째 운영해오고 있는 국내 대표적인 여성 친화 기업이다. 아침에 직원들이 아이를 데리고 회사에 나와 퇴근할 때 데리고 집에 가도록 하는 것이 이 회사 방침이다. 노동부 집계를 기준으로 국내 최초의 직장 내 보육시설도 이 회사가 만든 '린나이 어린이집'이다. 일반 유치원 못지않은 뛰어난 교육시설과 각종 예체능 분야 특별활동 등 질 높은 교육 프로그램이 특징이다. 정교사 2명과 보조교사 1명이 상주하며 어린이들을 돌본다. 물론 이런 보육시설을 운영하는 데 드는 비용은 전부 회사가 부담한다. 직원들이 내는 돈은 간식비와 원아 소모품 구입비 등으로 월 1만원 정도에 그친다.

세계적 제약 기업인 미국 머크사의 한국지사격인 한국MSD의 출산·육아 지원의 목표는 '우수한 인재를 놓치지 않는다'는 것이다. 우선 이 회사 여직원들은 출산을 전후해 3개월간 휴가를 쓸 경우 임금을 100% 받는다. 임신 진단 시점부터 출산휴가에 들어가는 달까지 월 반일의 유급휴가도 쓸 수 있다. 이 휴가는 정규직과 임시직 직원 모두 이용할 수 있다. 출산시 병원 비용도 전액 지원받는다. 남자 직원들의 배우자들도 마찬가지다. 산후 조리원을 이용하면 80만원까지 지급 받는다. 아이를 낳은 후에는 근무 시간을 조정해 주기도 하고 아기가 두 살이 될 때까지 하루 한 시간씩 먼저 퇴근할 수 있도록 배려하고 있다. 필요하면 파트타임 근무를 신청할 수도 있다. '패밀리 데이'도 있어 매주 금요일에는 1시간 먼저 퇴근해 아이들과 시간을 보낼 수 있는 제도도 도입했다.

린나이코리아와 다국적 제약회사인 한국MSD는 2006년 한국경제신문과 보건복지부가 공동으로 시상한 출산·육아 친화기업 대상에서 대통령상과 국무총리상을 각각 수상했다.

물론 경영 성과도 좋다. 린나이코리아는 '국내 최초'라는 수식어가 유독 많이 붙어 있는 회사다. 가스오븐레인지 2000만 대 판매, 가스보일러 제품의 환경마크 획득, 가정용 가스보일러 무상보증 기간 3년 연장 등이 모두 이 회사가 처음 이뤄낸 성과다. 여성 직원들의 '소프트파워'를 잘 활용했기 때문에 이뤄낸 결과들이다. 한국MSD는 2007년 한해 2443억 원의 매출을 올려 중견 제약사로 당당히 자리매김하고 있다. 전년 대비 17.71% 증가한 실적이다. 영업이익도 300억 원대를 꾸준히 기록하고 있다.

'건강한 삶을 영위하는 여성들이 많아질수록 아모레퍼시픽도 발전할 수 있다'는 경영철학을 가진 아모레퍼시픽도 여성 우대 경영으로 성공한 회사에 속한다. 2004년 서울, 2005년 용인에 각각 사내 어린이집을 설치해 여성 직원들이 자녀 양육과 교육에 대한 부담을 줄이고 자신의 역량을 발휘할 수 있도록 지원하고 있다. 특히 어린이들이 안전한 환경에서 양질의 보육 프로그램을 제공받을 수 있도록 교사 대비 보육 아동 수를 1인당 3.5명 선에서 유지하고 있다.

이 같은 회사 차원의 노력과 관심으로 2003년 10.2%였던 기혼 여성의 출산율(기혼 여성 100명 중 10.2명이 출산했음을 의미)이 2004년 11.4%, 지난해 12.9%로 매년 꾸준히 늘어나고 있다. 아모레퍼시픽은 또 육아휴직 직원에게 통상 임금의 60%를 3개월간 지급하고 있으며 육아 관련 강연회를 연 1회 실시하는 등 직원들의 육아를 적극 지원하고 있다.

아모레퍼시픽은 이같은 모성보호프로그램을 운영한 후 경영실적이 쑥쑥 향상됐다. 2003년과 2004년 주춤했던 매출과 이익이 다양한 모성보호 프로그램이 시행되면서 강한 상승세로 되돌아갔다. 매출은 2006년 1조1719억 원으로 전년 대비 6.0% 늘었고 2007년에는 1조2770억 원으로 다시 9% 가량 증가했다. 영업이익 역시 2000억 원대를 기록하고 있다. 가족친화 경영의 효과가 서서히 빛을 발하고 있는 것이다.

5
국내는 좁다 해외로 간다

패션 부문에서 국내 최초로 중저가 시장을 '발굴' 해 쾌속 성장을 한 이랜드는 1990년대 중반에 접어들면서 다수 경쟁자의 출현으로 성장의 정체기를 맞게 된다. 당시 이랜드와 헌트, 브렌따노 등의 성공 모델을 그대로 차용한 브랜드가 그야말로 우후죽순처럼 생겨나면서 이랜드는 처음으로 위기의식을 느꼈다. 당시 등장한 브랜드는 카운트다운, 옴파로스, 제이빔, 씨씨클럽, 카스피, 티피코시, 메이폴, 유니온베이, 케스케이드, 아우토반 등 열 손가락으로 다 꼽을 수 없을 만큼 걷잡을 수 없이 많은 신규브랜드들이 속속 중저가시장에 등장했다. 이들 경쟁 브랜드들은 이랜드가 개척한 중저가 시장을 조금씩 잠식해나갔다. 이 때문에 이랜드 패션 부문의 매출은 답보 상태에 머물렀고 경쟁이 치열해지다 보니 이익률 역시 떨어질 수밖에 없었다.

경쟁 브랜드의 난립으로 인한 '레드오션' 화(化)로 이랜드는 당시 새로운 고민에 빠지게 됐다. 이랜드 그룹이 더 크려면 새로운 성장 전략을 모색할 수밖에 없었던 것. 이때 이랜드에서 선택한 대안은 두 가지였다. 유통 시장 진출과 해외 판매 시장 개척! 이랜드가 2001아울렛 등으로 아울렛 유통시장에 직접 진출하는 한편 뉴코아, 홈에버(옛 한국까르푸) 등을 인수·합병(M&A)해 유통 강자로 떠오른 것은 누구나 다 아는 사실이다. 하지만 해외 시장, 특히 중국 시장 개척에 있어서 이랜드가 달성한 성과에 대해서는 자세히 아는 이가 많지 않다.

이랜드는 중국 시장 진출을 꾀하는 패션업체들에겐 거의 '선구자'로 여겨진다. 필자는 2007년 3월 중국 상하이에서 열린 '대한민국 섬유대전(프리뷰 인 상하이)'을 취재한 적이 있다. 중국에 진출했거나 향후 진출을 염두에 둔 섬유·패션 업체들이 각각의 제품을 현지에 선보이는 행사다. 당시 행사장의 메인 부스는 '캐포츠(캐주얼+스포츠)'의 원조격인 'EXR'이 차지하고 있었다. 몇몇 패션업체들이 앞뒤 재보지 않고 섣부르게 중국에 진출했다가 쓴잔을 마시고 돌아선 가운데서도 EXR는 2년 만에 100개의 매장을 열고, 연간 판매액 700억 원을 기록해 중국 캐주얼 시장에서 '기린아'로 통하고 있었다.

하지만 EXR의 이처럼 눈부신 실적도, 이보다 한참 앞서 진출한 이랜드 중국법인의 실적에 비하면 보잘 것 없는 수치였다. 이랜드 중국법인은 '한국 브랜드끼리 모이는 행사는 기존 현지화 전략에 어긋난다'는 방침에 따라 프리뷰 인 상하이에 불참했다. 이랜드는 중국 250

개 도시 주요 백화점에 이랜드, 스코필드, 티니위니, 에블린, 포인포 등 15개 브랜드를 입점시켜 놓고 있다. 1700여 개 매장에서 연간 4000억 원의 매출을 올린다. 코트라가 베이징, 상하이, 광저우 등 중국 3대 도시의 소비자 450명을 대상으로 브랜드 인지도를 조사했더니 한국 패션브랜드 중 가장 널리 알려진 브랜드는 이랜드인 것으로 나타났다.〈표1〉 인지도와 실적 양 측면에서 이랜드는 중국 시장에 성공적으로 안착한 것이다. 지금부터 이랜드의 현지 성공 전략에 대해서 구체적으로 알아보도록 하자.

중국 상류층의 마음을 잡았다

1990년대 중반부터 해외 시장 진출을 결심한 박성수 회장은 우선 저가 생산기지로 각광을 받고 있는 중국에 주목했다. 당시 중국은 적극적인 개혁 개방으로 자본주의 시스템을 받아들이면서 저임금을 무기로 전 세계의 제조업 생산물량을 끌어 들이고 있었다. 박 회장은 이대로만 간다면 중국이 향후 빠른 경제 성장을 통해 엄청난 크기의 소비 시장을 형성할 것이라고 예측했다.

1994년 중국법인을 세운 이랜드는 5년간 중국 내수 시장에 '와이드 릴리즈'가 가능할만한 생산 기반(거래처)을 확보하는 작업을 진행했다. 한편 동시에 판매 시장으로서의 중국 의류 시장을 뚫을 수 있는 방법을 철저하게 연구했다. 이랜드 그룹은 2000년 비로소 캐주얼 브랜드 '이랜드'를 진출시키며 본격적인 중국 시장 공략에 나섰다.

중국인들이 빨간 색을 좋아하는 것을 고려해 BI(브랜드 아이덴티티)가 빨간색인 '이랜드'를 선봉장으로 삼은 것이다. 또한 국내에서는 철저하게 가두점을 통한 중저가 전략을 고수했다면, 중국에서는 이와는 정반대로 핵심 상권의 백화점에 들어가 중국 내 상위 그룹 제품보다 높은 가격을 받는 고가 고급화 전략을 구사했다.〈표2〉

 이랜드를 '값은 싸지만 품질은 그런대로 괜찮은 캐주얼 의류' 쯤으로 기억하고 있는 국내 소비자들이 중국 여행을 하다 고급 백화점에 들어와 있는 이랜드 매장을 보면 깜짝 놀라곤 한다. 국내에서와는 달리 중국 소비자들은 '이랜드' 하면 마치 '폴로'나 '빈폴' 처럼 고가로 판매되는 고급 캐주얼로 인식하고 있다. 마케팅 전문가들은 이랜드 브랜드의 중국 진출 케이스를 브랜드의 '리-포지셔닝(re-positioning)' 전략이 먹힌 대표적 사례로 꼽는다.

 중국의 의류 시장규모는 한화로 약 80조 원 규모(섬유산업연합회 2005년 추산)에 이른다. 전체 규모는 이렇게 크지만 이 중 대부분이 베이징, 상하이 등 대도시에 쏠려 있는 것이 특징이다. 가격대별로는 고급 명품 의류가 10%, 중고가 매스티지군이 20%, 나머지를 중저가 의류가 채우고 있다. 중고가 이상은 수입브랜드가 대부분을 차지하고 있는 것도 중국 의류시장만의 독특한 특징 중의 하나이다.

 이랜드는 비중으로 보면 단 30%에 불과한 고급 의류 시장을 주 타깃으로 삼았다. 중저가 의류로는 헤아릴 수조차 없이 많은 중국 내 패션업체들과의 경쟁 자체가 불가능하다는 판단에서다. 따라서 이랜드의 중국 진출 전략은 철저하게 고가의 브랜드로 이미지를 구축하기 위한 것에 초점이 맞춰졌다.

이랜드는 중국 상하이 시장에 처음 진출하면서 공항의 '카트(Cart)'에다가 광고하기 시작했다. 공항 카트 광고는 그 뒤 4년 동안이나 계속됐다. 공항 이용자 중에는 상류층의 비중이 높다는 점에 착안한 타깃 광고였던 것이다.

또한 이랜드는 미국 동부 명문 사립대를 뜻하는 '아이비리그(Ivy league)'를 브랜드의 핵심 슬로건으로 제시했다. 고급스러우면서도 젊음과 활기를 느끼게 하는 키워드다. 매장은 마치 명문대학의 도서관처럼 꾸몄고, 브랜드 로고와 포장지 등도 철저하게 미 동부의 상류층 느낌이 나도록 고급화했다. 아울러 트레디셔널 캐주얼에는 'Ivy University', 스포티 캐주얼은 'Ivy Sports', 이지 캐주얼엔 'Ivy Vacation'이라는 각각의 테마를 부여해 통일성과 다양성을 동시에 달성한 것도 성공적인 브랜드 확장 전략이었다는 평가다.

중국 현지에서 선보인 제품들이 신선했던 것도 성공 비결로 꼽힌다. 한국에서는 이미 대중화됐지만 중국 현지인들은 생소하게 느끼던 '오리털 패딩' 의류를 처음 소개해 좋은 반응을 얻은 것은 물론 휘장을 달아 브랜드를 돋보이게 드러내주는 티셔츠나 모자 달린 스웨터 등도 중국 캐주얼 업체들보다 한 발 앞서 기획해 대박을 낸 사례들이다.

이랜드는 중국에서 '衣戀(이리엔)'으로 표기한다. '옷을 사랑한다'

는 뜻으로 쉬운 중국어를 활용해 발음과 기억이 쉽다는 게 중국인들의 평가다. 이 같은 한자 표기는 사내 스터디 모임에서 중국어를 꾸준히 학습한 직원들이 내놓은 아이디어였다. 책을 읽고 학습하는 회사 분위기가 중국 진출에 있어서까지 큰 힘이 된 셈이다.

앞서 소개한 '프리뷰 인 상하이' 등 중국 현지에서 한국계 패션 브랜드만 모이는 전시회에 이랜드가 참가하지 않는 것은 이처럼 이랜드가 추구해 온 고가·고급화 전략이라는 맥락에서 보면 이해가 간다. 사실 한국의 다른 패션 브랜드들 사이에 끼면 이랜드는 중저가 브랜드에 불과하다. 그러다 보면 자연히 전시장에서 "사실은 이랜드가 한국에서는……" 식의 얘기가 돌 것이 뻔한 데 뭣 하러 참석하겠는가.

패션 본고장에 이랜드 깃발을 꽂는다

이랜드는 미국 시장도 꾸준히 두드리고 있다. 미국에서 이랜드가 주력한 의류는 지금까지 아동복이 주력이었다. 이랜드 키즈는 1999년 미국에 진출해 현재 'Sak's 5th Ave' 등 고급 백화점과 캘리포니아 베버리 힐즈, 뉴욕 매디슨 애비뉴, 맨하튼의 Upper East 등 고급 주택가에 위치한 500여 개 아동복전문 매장에 납품되고 있다. 이랜드 키즈는 보통 한 벌에 50~100달러가 매겨지는데 이는 노티카, 토미힐피거 등 미국 고급 브랜드와 비슷한 수준이다.

이랜드 키즈는 2002년에는 뉴욕시가 개최한 'Earnie Award'에서 남자아이 외출복 부문에서 최우수 디자인상을 수상하기도 했다.

'Earnie Award'는 아동복 디자인 분야에서만큼은 미국 최고 권위를 자랑하는 상이다. 아동복의 성공에 힘입어 2002년부터는 캐주얼 브랜드 '이랜드'를 현지 패션박람회에 출품시키는 등 진출 가능성을 지속적으로 타진하고 있다.

김일규 미국사업본부장(상무)는 2007년 초 기자들과 만난 자리에서 "아동복을 7년간 판매하면서 어느 정도 미국시장에 대한 탐색과 파악이 끝났다."며 "미국에서도 충분히 경쟁력이 있는 브랜드가 있다고 판단해 조만간 후아유, 웨인진즈 등 2~3개 브랜드를 진출시킬 계획"이라고 말했다.

캐주얼 브랜드 중 가장 먼저 미국 진출에 신호탄을 쏜 것은 '후아유'다. 2007년 11월 미국 코네티컷주 스탬포드 타운에 1호점을 낸 것이다. 120평이 넘는 대형 매장으로 국내 캐주얼 브랜드가 미국에 직영 매장을 연 것은 후아유가 최초다. '캘리포니아 드리밍'을 슬로건으로 내세우고 있는 후아유를 국내에선 여지껏 외국 직수입 또는 라이선스 브랜드로 알고 있는 소비자들이 많다. 후아유는 이랜드가 2000년 론칭한 토종 브랜드이며 국내에서의 성공을 바탕으로 미국으로 시장을 넓혀가는 중이다.

이랜드는 후아유를 '갭', '바나나리퍼블릭', '아베크롬비앤피치' 등 세계적인 패스트패션 브랜드들과 함께 경쟁시킬 예정이다. 후드 스웨터와 진바지가 50달러선으로 '갭' 보다는 비싸고 '폴로' 보다는 저렴한 가격대를 택했다. 이랜드는 2008년 6월 뉴저지주에 2호점을 내는 것을 시작으로 그해 말까지 매장수를 다섯 개까지 늘린다는 계획을 갖고 있다. 미국 판매 제품은 현재 국내 제품과 같은 디자인으로 가져가되 일부 유행 아이템은 현지 디자인센터에서 별도로 기획 주문할 예정이다. 대중패션의 본고장인 미국 시장에 한국 대표선수 이랜드의 깃발이 펄럭이는 것을 지켜볼 날도 멀지 않아 보인다.

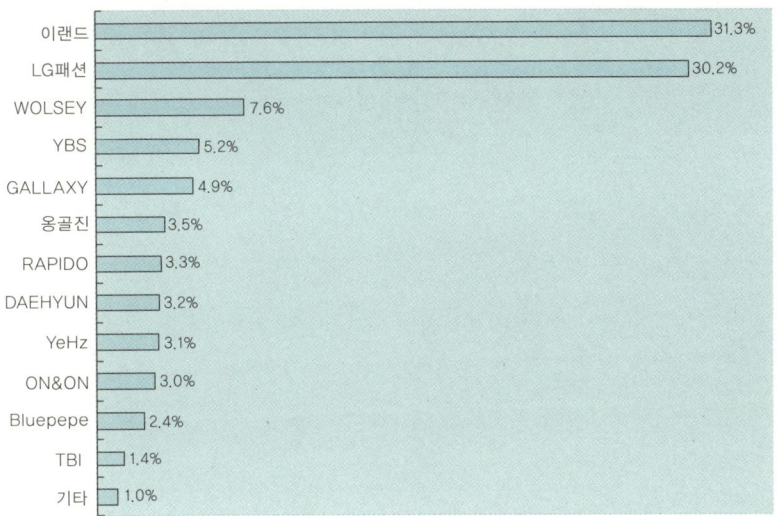

〈표1. 중국 내 한국계 패션브랜드 인지도〉

※ 자료 : KOTRA

〈표2.〉

상품	재킷	셔츠	면바지	청바지	스웨터
E-LAND 가격대	300위안 약 40,000원	200위안 약 30,000원	200~300위안 약30,000~40,000원	300위안 이상 약 40,000원	300위안 이상 약 40,000원
중국 상위브랜드 가격대	200위안 약 30,000원	100위안 약 15,000원	100위안 약 15,000원	100위안 약 15,000원	100~200위안 약 15,000~ 30,000원

※ 자료 : 이랜드 그룹

성공하는 사업을 위한 이랜드 식으로 실천하기 ⑪

중국에서 고가 전략으로 성공한 기업들

100개의 매장, 중국 시장 10대 패션 브랜드(2006년 '패션복식보도' 선정), 연간 판매액 700억 원. 2004년 8월 중국 시장에 직접투자 방식으로 진출한 '캐포츠(캐주얼+스포츠)'의 원조 EXR가 2년 반 만에 받아든 성적표다. 많은 패션 기업들이 중국에 의욕적으로 진출했지만 성공한 기업은 이랜드, LG패션, 제일모직 그리고 EXR 정도가 고작이다.

필자는 지난 2006년 중국 상하이에서 민복기 EXR 사장을 만날 기회가 있었다. 중국 진출 성공 비결을 물었더니 "철저한 반(反)현지화 전략에 있습니다."는 의외의 대답이 돌아왔다. 섣부른 중국 진출에서 쓴잔을 마신 기업들이 모두들 '현지화'를 부르짖는 마당에, 반대로 간 게 먹혔다니 웬 뚱딴지 같은 소리인가.

민 사장은 "중국인들에게 익숙하고 그들이 원하는 것만 가져다 팔아서는 '명품'이 될 수 없다."며 "EXR는 오히려 중국 전용 라인을 만들지 않고 한국에서 파는 상품과 똑같은 것을 내놓으며 '오리지널리티'를 강조한 게 효과를 봤다."고 말했다.

EXR은 한국 패션업체들이 모여서 중국에서 여는 전시회인 '프리뷰 인 상하이'에 매번 거액을 들여 초대형 행사장을 설치하고 있다.

보통 메이저 패션업체들은 현지화를 한다며 중국 측 민·관이 개최하는 박람회 쪽으로 프로모션 루트를 잡고 있는 데도 EXR은 아랑곳하지 않고 한국 브랜드만 참가하는 행사의 스폰서까지 자청해 가며 앞장서고 있다.

패션 중심 도시 상하이에 사는 '얼리어답터' 들에게 EXR가 한국의 '메이저 브랜드' 라는 것을 각인시키는 것만큼 중국 현지 마케팅에 효과적인 전략은 없다. 중국인들의 한국에 대한 관심이 증폭되면서 한국 패션업체들만 모이는 전시회에 오히려 현지 언론매체는 더 큰 관심을 보이고 취재를 나온다. 여러 매체의 한국 관련 보도 속에 자연스럽게 EXR가 노출되면 프리미엄 브랜드의 이미지를 굳힐 수 있다는 게 EXR이 노리는 바였다. 실제로 한국 섬유산업연합회의 현지 시장조사 결과, 중국인들의 한국산 패션 상품에 대한 선호도는 프랑스, 이탈리아제(製)에 이어 3위를 달리고 있는 것으로 나타났다.

소득 상위 10%만을 공략한 것도 EXR가 빠른 기간 내에 급성장한 요인이다. 같은 중국인이라도 양쯔강 남·북에 사는 이들이 서로 다르고, 소득계층에 따라 패션 취향이나 라이프스타일, 심지어는 체형까지 다르다. 따라서 현지화를 꾀하더라도 보다 섬세한 전략을 세울 필요가 있다는 얘기다.

고소득층 공략을 위해 EXR는 베이징과 상하이의 특급 호텔, 피트니스 센터에 운동복을 무상으로 제공한다. 또 한·중 합작 드라마에 의상을 협찬하는 등 부유층을 상대로 브랜드를 알리는 데 주력해 왔다. 상하이를 기준으로 EXR는 청바지를 리바이스(700위안)보다 두 배나 높은 가격(1400위안)에 팔고 있다. EXR 제품 중 중국에서 생산하는 것은 30% 미만에 불과하다. 원가 절감을 하기보다는 영국에서 디자인하고 한국에서 만든 뒤 높은 가격을 매겨 파는 방식으로 충분한 수익을 거두고 있는 것이다.

LG생활건강의 죽염치약 역시 중국에서 고가 전략을 채택해 성공한 케이스다. 2001년 중국에 진출한 죽염치약은 2007년 1분기 67억 원의 매출을 올려 국내 시장 분기 매출(58억 원)을 앞지르는 실적을 올렸다. 전년 같은 분기에 비해 45%나 늘어난 수치다. 죽염치약이 중국인의 마음을 사로잡은 것은 차별화된 제품 특징과 고가 전략에 따른 명품 이미지였다. 중국의 고급 소비층만 잡아도 그 수가 엄청나기 때문에 충분한 성공이 가능하다는 것을 보여주는 사례다.

LG생활건강은 1997년 럭키치약을, 1999년에는 페리오치약을 들고 중국을 찾은 바 있다. 하지만 다국적 가정용품 회사인 P&G의 크레스트와 한국에서도 치약으로 유명한 콜게이트에 밀려 결국 철수하고 말았다. 기존에 잘 팔리는 제품과 품질은 얼추 비슷하게 낮추고 가격을 30%나 낮게 책정했지만 중국 소비자들은 한국산 치약을 철저히 외면했다. 소득 수준이 높지 않은 중국인들이 치약의 품질을 얼마나 따지겠느냐고 생각한 것이 잘못이었다.

이런 실패를 되풀이하지 않기 위해 2001년 죽염치약의 진출 때는 대중적인 제품을 파는 경쟁사와는 승부를 일부러 피해가면서 중상

류층 고객만을 노린 프리미엄 전략으로 나갔다. 한방(漢方) 컨셉트인 '죽염치약'을 콜게이트(6위안)보다 훨씬 비싼 10~11위안을 받고 팔았다. 유통 역시 대도시의 대형 할인점과 백화점만 공략하고 나머지 상점은 버렸다. 죽염치약은 현재 다국적 기업과 로컬 브랜드 50여 개가 경쟁하는 베이징 시장에서 10% 이상의 시장 점유율을 기록하고 있다. 죽염치약의 연간 매출 목표는 약 3300만 달러선이다. 이를 위해 LG생활건강은 현재 대도시에만 국한돼 있는 영업망을 서서히 중소도시로까지 넓혀 나갈 계획이다.

6
털어도 먼지 안 나는 회사

"공무원은 정직한 사람을 가장 무서워한다."

박성수 회장의 지론이다. 그래서 웬만한 규모의 기업이면 당연히 하기 마련인 이른바 '대관(對官) 업무'라는 게 이랜드에는 존재하지 않는다. 물론 관청 인허가 업무를 맡아보는 직원은 있다. 다만 우회적인 방법으로 관공서와의 관계를 좋게 하기 위해 노력하거나 평상시 관련 공무원들을 지속적으로 관리하는 등의 일을 하지 않는다는 의미다. 이랜드는 그 대신 줄곧 '책 잡힐 일을 하지 말자'는 방향으로 관공서와의 껄끄러운 관계에 대처해 왔다. 이 같은 태도는 과거 이랜드 그룹의 사업에 사사건건 불편한 문제를 야기시켰던 원인이 되기도 했다.

이랜드가 서울 창전동 신사옥으로 이전한 뒤에 벌어진 일이다. 원래 학교로 쓰던 건물이었기에 직원들이 손수 사무실로 수리해 소방 시설 등도 법규에 맞춰 갖추고 구청에 용도 변경 신청을 해야 했다. 구청에서는 당시 연간 매출액이 수천억 원에 달하는 중견기업이 관내로 옮겨 왔기에 뭔가 기대하는 것이 있었는지 허가를 곧바로 내주지 않고 시간만 보내고 있었다고 한다.

이랜드 측에서 "왜 빨리 허가가 나지 않느냐?"고 묻자 담당 직원은 "사장이 구청장에게 인사라도 해야 하는 것 아니냐."고 답했다. 그래서 대표이사가 구청장을 찾아가 정말 정중하게 '인사만' 하고 돌아왔다. 구청장에게 인사치레로라도 가벼운 선물조차 들고 오지 않은 것에 약이 오를 대로 오른 구청 관계자들은 허가를 계속 보류시켰다. 그러자 이랜드는 직원 한 명을 매일매일 구청 담당 부서 사무실로 출근시켜 압박을 가했다. 이 같은 대치 상황은 무려 한 달 동안이나 지속됐다고 전해진다. 이전 사옥에는 짐만 싸놓고 이사를 하지 못해 직원들이 업무에 차질을 빚었지만 끝내 이랜드는 용도 변경 허가 문제를 '이랜드식'으로 해결해 냈다. 그 소문이 해당 지역 관계기관에 퍼지면서 이랜드는 관청과의 밀월관계는 꿈도 꾸지 못하게 됐다.

오히려 이랜드가 이 같은 옹고집을 부리다가 곤란한 일을 겪는 경우가 더 많았다. 본보기로 구청 산업과에서는 제품 라벨에 표기된 제조년월일 혼용률 사이즈 등을 엄격하게 지키는지 수시로 점검을 나왔다. 담당관청에서 당연히 해야 할 업무이기는 했지만 이랜드에게 만큼은 유독 엄하게 굴었다. 관세청과의 마찰로 통관이 잘 안 되기도 했고, 노동부에서는 야근을 시킨다며 수시로 벌금 고지서를 보내 왔다.

한번은 부산에서 이랜드의 빨간 간판이 문제가 된 적도 있었다. 경찰이 느닷없이 이랜드의 간판을 미풍양속을 저해하는 선정적인 간판으로 규정하고선 점주를 소환한 것이다. 한 임원은 필자에게 "이렇게 이랜드 그룹 계열사와 대리점 등이 전국적으로 관공서와 부딪힌 사건을 다 모으면 책 한권을 써도 모자랄 것"이라고 말하기도 했다. 이랜드가 다소 '뻣뻣하다'고 할 만큼 원칙을 지키다보니 생긴 사건들이다.

곧장 가는 게 가장 빠른 길이다

하지만 여전히 이랜드맨들의 생각은 확고하다. 지름길을 찾을 시간에 그냥 묵묵히 앞으로 곧장 가는 것이 더 빠르다는 것이다. 이 같은 비타협적 태도로 인해 결코 실정법을 어기지 않았음에도 불구하고 2007년 민주노총은 비정규직 총력 투쟁의 대상으로 이랜드를 지목해 집중 공격했다. 그 과정에서 이랜드는 경영상의 차질은 물론 이미지에도 상처를 많이 입었다. 하지만 원칙을 지킴으로써 더 많은 것을 얻었다는 게 필자의 생각이다. 원칙에 따른 대응을 보여줌으로써 이랜드 그룹의 경영진은 앞으로 노조의 볼모가 되는 일은 결코 없을 것이다. 현대차처럼 매년 노사분규를 반복하는 악순환을 이참에 확실히 끊을 수 있게 된 것이다.

또한 관공서의 눈치를 보지 않고 사업하기 위해 스스로를 끊임없이 살핀 결과 '털어도 먼지 안 나오는 회사'가 된 것도 원칙주의의 성과 중 하나다. 한번은 국세청이 재개발 사업과 관련된 건설업체들에 대한 일제 세무조사를 실시했다. 이랜드 그룹의 부동산 개발 업무를 전담하는 이랜드개발 역시 조사 대상에 포함됐다. 경쟁사들은 이랜드 그룹의 지칠 줄 모르는 인수·합병(M&A)을 염두에 두고 "동원한 인수 자금 모두가 다 깨끗한 돈이었겠느냐"며 부동산 디벨로핑 회사인 이랜드개발에 대한 국세청의 조사에서 뭔가 나올 것으로 예상했다.

그런데 국세청 조사는 예상외로 싱겁게 끝났다. 하도 장부가 깨끗해서 국세청 조사관들조차 혀를 내두를 정도였다고 한다. 신규 유통 점포와 관련한 대규모 개발 프로젝트를 수행하는 회사인 만큼 비자금 조성 등 구린내 나는 부분이 조금은 있을 줄 알았는데 정말 별 게 없더라는 것이다. '관공서를 상대로 당당하게 처신하려면 무슨 일이 있어도 책 잡힐 일은 안 해야 한다'는 생각으로 경영을 해 온 결과다.

1980년대 말 서울 양평동에 있는 창고를 빌려 쓰려던 이랜드와 건물주 사이에 있었던 일은 이랜드의 '원칙주의'와 관련해 지금도 두고두고 사람들 입에 오르내리는 에피소드 중 하나다. 당시 건물 주인은 칠순이 지난 택시 회사 사장 A씨였다고 한다. 당시만 해도 임대소득에 대한 세금을 줄이기 위해 세무 증빙용으로 이른바 '다운 계약서'를 쓰고 실제 임대료를 적은 이면 계약서를 따로 쓰는 게 관행이었다. 서울 요지에 쓸 만한 창고 건물이 많지 않아 임대 시장은 전형적인 '공급자 중심 시장(Buyer's market)' 이었기에 건물주의 다운 계약서 작성 요구를 거절할 임차인은 많지 않았다.

양측은 구두로 합의한 실제 임대료를 적은 '정식 계약서' 작성을 먼저 했다. 서로 도장을 찍고 나자 A씨는 당연히 겉보기용 '다운 계약서'를 쓸 차례로 알고 있었다. 딱 부러지게 그러기로 한 것은 아니지만 당시 관행이었기에 당연히 그렇게 할 줄 알았던 것. 그런데 이랜드 부동산 담당 직원의 생각은 달랐다. 그는 정식 계약서 작성이 끝나자 주섬주섬 짐을 챙겨 일어서는 것이 아닌가. 이중 계약서 작성은 이랜드의 윤리 경영 원칙에 비추어 볼 때 결코 허용되지 않는 일이었기 때문이다. 서로 당연하게 생각하는 내용이 전혀 달랐던 것이다.

갑자기 뒷통수를 맞은 느낌이 든 A씨는 그 길로 당장 구로동 이랜드 본사를 찾아 갔다. 그는 "이랜드가 사기를 쳤다."고 회사가 떠나가라 소리를 지르며 난동을 부렸다. 책상을 넘어뜨리고 의자를 집어 던지기까지 했다. 즉각 사장 비서실에서 무슨 소란인지 알아보러 나왔고, 계약을 담당했던 부동산팀 직원이 사장실로 불려갔다. 그는 박성수 회장(당시 사장)에게 "계약서를 바꿔 써줘 가면서 남의 탈세 행위를 도울 수는 없지 않습니까?"라고 당당히 말했다. 맞는 말이었다.

직원이 원칙을 지키다가 불가피하게 얽힌 매듭은 박 회장이 직접 나서서 풀어냈다. 그는 우선 A씨를 만나 달래고 설득하기 시작했다. 좀처럼 분을 삭이지 못하자 박 회장은 "그럼 우리 회사를 한 번 둘러보시죠."라고 권유했다. 옥상부터 지하실까지 회사 전체를 샅샅이 둘러보게 한 뒤 박 회장은 "정직하게 회사를 운영하려고 하다 보니 어려움이 이만 저만이 아닙니다. 인생의 선배로서 올바르게 기업하려는 후배를 좀 살려 주십시오."라고 매달렸다. 이 말을 어찌나 진실되고 감동적으로 했던지 A씨는 태도를 바꿔 "살다 살다 이런 회사는 처음 본다."며 창고 사용을 허락했다. 몇 년 뒤 A씨와 신뢰관계가 쌓인 이랜드는 물류 창고로만 쓰이던 이 건물을 장기 임대해 고치고 다듬어 새로 설립한 계열사 '쉐인'의 본사 사옥으로 사용하는 수완을 보이기도 했다. A씨는 자신의 창고를 반듯한 사무실로 태연히 고쳐 쓰는 이랜드 사람들에게 또 한번 놀라지 않을 수 없었다.

장부 하나로 투자 이끌어 냈다

"사업하다 보면 그럴 수도 있지."라는 변명은 이랜드에서 결코 통하지 않는다. 원칙을 고집하는 이랜드의 문화는 기업 규모가 커지면서 이랜드의 '윤리 경영 원칙'으로 체계화되기에 이른다. 요즘엔 좀 한다 하는 기업치고 윤리적 기업을 목표로 하지 않는 회사는 거의 없지만 이랜드는 그들과 조금 다르다. 윤리 경영이라는 말이 어디서 갑자기 뚝 떨어진 탁상공론이 아니라 창업 때부터 원칙주의를 강조한 것이 가치 판단의 기준이 돼 자연스럽게 회사 속에 자리 잡았다는 점에서다.

이 같은 윤리 경영과 엄격한 원칙주의는 위기에 빠진 이랜드를 구해 낸 힘이 되기도 했다. 1997년 말 외환위기를 맞은 이랜드는 단기 유동성 위기에 몰려 회사가 부도 직전까지 가는 절체절명의 상황을 맞은 적이 있다. 하지만 이랜드는 이듬해 8월 미국의 투자회사 '워버그 핀쿠스'로부터 3200만 달러의 외자를 유치해 이 같은 위기에서 벗어났다. 박성수 회장은 당시 투자 유치에 대해 "장부 하나 들고 가서 따낸 계약"이라고 말하곤 한다.

외환위기를 맞은 한국은 회사채 금리가 연 30%까지 치솟은 데다 곳곳에 장부상 자산 가치에도 못 미치는 가격에 매물로 나온 우량 기업들이 수두룩했다. 고위험 고수익을 추구하는 외국 투자자들에겐 그보다 매력적인 투자처가 있을 수 없었다. '워버그 핀쿠스' 역시 한국에 고수익을 노리고 들어온 투자회사 중 하나였다.

그런데 이 회사는 투기 등급 회사채나 부도난 기업을 인수했다가 가격이 오르면 되파는 '전략적 투자'를 하는 회사가 아니었다. 그보다는 단기적인 유동성 부족으로 휘청대는 기업에 '재무적 투자자'로 뒷돈을 댄 뒤 회사가 살아나면 약정된 고수익을 얻어 나가는 방식을 선호했다. 수익성과 안정성을 동시에 추구했던 것이다. 하지만 이 회사 투자 담당자들이 여러 대상 기업을 돌며 실사를 해 본 결과, 대부분의 회사가 장부에 적힌 숫자와 실제 자산·부채 등이 맞지 않았고, 심지어는 2중 3중의 장부를 갖고 있는 회사도 많았다. 이래서는 투자를 하고 싶어도 기업의 현 상태를 정확히 파악할 수 없어 어려움이 있었던 것. 한국에서 노다지를 캐려고 들어왔다가 결국 지갑의 돈을 꺼내보지도 못하고 돌아서려던 때 이랜드에서 워버그 핀쿠스를 접촉했다.

워버그 핀쿠스는 이랜드에 찾아와 장부부터 꺼내보라고 했다. 박 회장이 제시한 각 계열사별 회계장부를 실사한 투자 담당자는 즉각 본사에 "이 회사에는 무조건 투자해야 한다."고 보고했고, 이랜드는 원래 계획했던 300만 달러보다 10배나 더 많은 외자를 한꺼번에 유치하는 데 성공할 수 있었다. 이랜드가 고집스럽게 윤리경영과 투명경영을 실천해 온 결과다. 만약 이랜드가 다른 회사들과 똑같은 길을 걸었다면 공격적인 경영을 하다 외환위기를 맞고 쓰러진 대우, 한보, 기아 등과 함께 퇴출기업 리스트에 이름을 올렸을지도 모를 일이다.

박성수 회장은 요즘 매일매일 새벽 4시에 일어나 자신이 믿는 하나님께 이랜드가 바른 길을 갈 수 있도록 해달라고 기도를 올린다고 한다. 박 회장이 예전처럼 하나하나 챙기지 않아도 알아서 회사는 굴러가고 있다. 직원 수도 1만 3000명에 이를 정도로 많아졌다. 비록 이제는 창업주 한 사람의 의지만으로 이랜드 그룹 전체가 윤리 경영 원칙을 지키도록 할 물리적 방법은 없어진 게 사실이다. 지금껏 이랜드가 쌓아 온 전통을 공룡기업으로 변한 지금 어떻게 계승해 나가느냐가 앞으로 이랜드 그룹의 성패를 좌우할 것이라고 필자는 믿고 있다.

이제는 신뢰를 파는 시대

윤리경영은 이제 기업 생존의 선택이 아니라 필수다. 고도화된 현대 자본주의 사회에서 봇물 터지듯 쏟아지는 수많은 제품 정보 중에서 소비자들은 어떤 기준으로 선택을 하게 되는 것일까. 소비자는 이제 단순히 기능, 상품만을 소비하는 수동적인 구매패턴에서 벗어나 적극적으로 따져보고 평가도 하면서 제품 생산 과정에까지 관여하는 적극적인 '프로슈머'로 변신해 가고 있다. 능동적인 소비자들은 이제 가격과 성능, 디자인 요소는 기본이고 기업 브랜드에 실린 '신뢰'를 상품 선택의 가장 중요한 기준으로 삼고 있다. '믿을 수 있는 기업의 제품인가'를 확인하고 제품을 집어 든다는 얘기다.

2008년 초 언론 지면을 수놓은 농심의 새우깡 파동을 떠올려 보자. 오랫동안 쌓아온 명성과 기업 이미지가 신뢰를 져버린 한 번의 사건으로 얼마나 크게 하락하는지 똑똑히 확인할 수 있었던 상징적인 사건이 아닐 수 없었다. 또한 최근에 농심은 쥐머리가 들어 있는 스낵 제품을 신고 받고도 쉬쉬하고 덮으려 급급했다. 이런 행위는 다양하게 발달된 커뮤니케이션 수단을 통해 널리 퍼졌고 전 국민의 대부분이 농심의 행위에 분노를 느꼈다. 뒤늦게 제품 수거에 나섰지만 추락

해버린 신뢰를 회복하는 데는 어려움이 많을 것 같다.

농심 새우깡의 스낵 부문 매출비중은 3~4%로 설령 생산이 완전히 중단된다 할지라도 산술적인 매출감소는 크지 않다. 그러나 농심 브랜드에 대한 신뢰도 추락으로 스낵, 라면 등 전체 제품에 미치는 파급효과는 상당할 것이라는 게 전문가들의 분석이다. 창사 이래 최대의 위기를 맡게 된 것이다.

이런 측면에서 '위기를 기회로 바꾼' 존슨&존슨의 일화는 농심의 우왕좌왕하는 제품관리와 확연하게 비교된다. 1980년대 초반 타이레놀은 존슨&존슨 총매출 7%, 순이익의 17%를 차지하는 주력 상품이었다. 그런데 어느날 타이레놀을 복용한 환자 7명이 갑자기 사망하면서 문제가 불거졌다. 매출에 타격을 입게 된 회사는 즉각 외부기관에 조사를 의뢰해 누군가 의도적으로 독극물을 타이레놀에 넣었다는 사실을 밝혀냈다.

회사의 잘못이 아니었지만 존슨&존슨은 책임을 회피하지 않았다. 무려 2억5000만 달러를 들여 타이레놀을 전량 리콜 폐기 조치한 것이다. 그런 다음 존슨&존슨은 유통과정에서 독극물을 넣을 수 없도록 3중의 안전장치를 갖춘 새 제품을 시판해 고객을 안심시켰다. 타이레놀의 안전성에 대한 고객의 신뢰는 사고 전보다 더 높아진 것으로 조사됐다.

그런데 한국 기업들은 대체로 고객의 전폭적인 신뢰를 받지는 못하고 있는 것 같다. 2008년 2월 대한상공회의소와 현대경제연구원이 공동으로 국민들의 기업에 대한 호감도(好感度)를 조사했더니 매년 더 나빠지고 있다는 결과가 나왔다. 국민들이 호의적으로 느끼는 정도를 100점 만점으로 점수화한 기업호감지수는 46.6점을 기록, 전년보다 1.9점 떨어졌다. 먹고 사는 문제를 해결해야 할 기업에 대한 정서가 이처럼 반감에 가깝다니 나라 경제를 생각할 때 참으로 걱정스럽다.

이를 세부 항목별로 보면 더욱 문제가 심각하다. 윤리경영(17.6점)이나 사회공헌 활동(35.3점) 등에서는 낙제점 이하를 받았다. 윤리경영에서 10점대라면 부정적인 의견이 긍정적 의견을 압도할 정도다. 기업은 도덕성과 사회적 책임성을 개선하려고 노력했다지만 소비자들의 시선은 냉랭하기 그지없다. 당시 삼성 비자금 특검 수사가 진행 중이던 시기여서 일부 영향을 받았을 수도 있다. 하지만 기업들도 과거의 잘못된 관행을 되풀이하지 않고 소비자들에게 신뢰를 쌓기 위한 노력이 지금 이 시점에서 절실하다고 하겠다.

7
쓰기 위해서 버는 회사

'기업은 이익을 내야 한다'는 경영 이념을 현실로 바꾸기 위해 이 랜드 그룹이 어떤 노력들을 해왔는지는 앞선 글에서 충분히 다뤘다. 그렇다면 이랜드는 '왜(why)' 그토록 벌고자 하는 것일까. 이에 대해 이랜드는 "쓰기 위해서 번다."고 말한다. 이랜드를 움직이는 또 하나의 경영 이념은 바로 '이익을 바르게 써야 한다'는 것이다. 지난 2002년 이랜드는 순이익의 10%를 사회에 환원하겠다고 공개적으로 선언했다. 이는 이랜드가 '번 돈을 이웃을 위해 써도 될 만큼' 성장 했다는 것을 의미한다. 세상의 빛과 소금이 되자고 사업을 시작한 이 랜드맨들로서는 실로 감개무량한 순간이 아닐 수 없다.

이랜드는 버는 족족 또 다른 투자를 하느라 바빴다. 물론 이랜드복 지재단 등을 통해 사회 공헌 활동을 일부 병행하기는 했지만 역시 재투자와 성장 전략 쪽에 방점이 찍혀 있었다. 다른 기업을 사들이고, 새로운 브랜드를 론칭하고, 유통점을 낼 부지를 매입하는 데도 돈이 늘 모자랐던 이랜드였다. 이런 회사가 매년 100억~150억 원을 사회에 환원하겠다는 선언을 한 것은 '이익을 내야 한다'는 것으로부터 '이제는 써야 한다'는 쪽으로 무게 중심이 옮겨진 것을 의미하기 때문이다. 이랜드가 한계 상황에서의 생존을 당면 과제로 삼는 기업에서 이제는 영속적인 기업으로 가기 위한 토대를 쌓는 단계로까지 진화했다는 얘기다.

영속적인 기업이 되기 위한 이랜드 그룹의 사회 공헌 활동은 이랜드재단, 이랜드복지재단, 아시안 미션 등 3개 축을 통해 이뤄지고 있다. 패션·유통 전문회사라는 특성을 살려 각 지역의 필요에 맞는 의류나 생활용품을 지원하는 사업을 핵심으로 장학사업, 대북지원사업, 제3세계에 대한 사회적 투자 사업 등을 병행하고 있다.

3원칙 : 지속성·진정성·정직성

이들 공헌 사업들은 크게 세 가지 원칙 아래서 추진된다.

첫 번째 원칙은 지속성이다. 일회성 지원보다는 지속적인 가치를 창출할 수 있는 사업을 펼친다는 것이다. 단순히 학비를 대주는 것을 넘어 청소년들에게 자신의 꿈을 이뤄갈 비전을 심어주는 것을 목표로 하는 이랜드의 장학사업이 대표적인 예다. 이랜드 그룹은 1994년부터 2007년까지 총 3701명에게 장학금을 지원했다. 그러면서 이랜드 임직원과 이랜드 장학생을 '1:1 멘토링'으로 연결해 정서적 도움을 주는 '이음멘토링' 사업을 병행하고 있다. 청소년 비전 캠프(E·LAND VISION COLLEGE)를 통해 장학생들이 스스로 비전을 세우도록 돕는 프로그램도 마련했다.

두 번째 원칙은 진정성이다. 기업 이미지를 높이고 마케팅 효과를 극대화하기 위해서가 아니라 지원 대상자까지 하나의 '고객'으로 생각해 고객 중심의 가치 창출을 목표로 사회 공헌 활동을 한다는 얘기다. 전쟁, 기아, 자연재해 등 인간의 생명을 위협하는 전 세계 재난의 현장마다 어김없이 등장하는 '이랜드 긴급구호 키트'는 지원 사업조차 고객 입장에서 생각하는 '남 중심적 사고'를 도입한 좋은 사례다. 보통의 기업들은 구호 사업에 돈을 내거나 물건을 사서 보내는 게 고작이지만 이랜드는 연구개발(R&D)까지 해가며 난민들에게 보낼 구호품을 직접 디자인하고 제작하는 정성을 들였다. 키트는 재난 지역에서 꼭 필요한 의약품, 비상식량, 복구 장비 등을 넣은 방수 스포츠 가방이다. 패션회사에서 만들었다고는 믿어지지 않을 만큼 내용물이 알차 일부 국제 난민 구호 단체 관계자들은 한국의 이랜드를 구호 키트 전문 생산업체로 알고 있을 정도다.

마지막 원칙은 '정직성'이다. 기부라고 해서 팔다 남은 재고 상품을 건네며 생색만 내는 것이 아니라 복지시설에서 사용할 단체티, 생활복 등을 별도로 제작해 기증하는 사업을 하고 있는 것도 그런 맥락이다. 아울러 투명한 회계 관리를 위해 홈페이지에 기부금 사용 내역을 실시간으로 공개하는 것 역시 이 같은 원칙에 따른 것이다. 산하에 다수 복지관을 운영하고 있는 이랜드복지재단의 경우 홈페이지에 각 복지관의 세입 세출 내역을 항상 올려두고 누구나 볼 수 있게 하고 있다.

이랜드만의 사회 공헌 전략 : 차별화 파트너쉽

사회 공헌 활동을 하면서도 치밀한 전략을 세우는 것은 이랜드만의 특징이다. 기왕 하는 것인데 남들이 안 하는 것, 남들이 못 하는 것, 하기는 해도 우리가 더 잘 할 수 있는 것을 찾아서 한다는 게 첫 번째 '차별화 전략'이다.

이랜드 복지재단은 사회복지분야에서는 이례적으로 지방자치단체와 운영형 민자사업(BTO, Build Transfer Operate) 방식을 도입했다. 또한 복지관 운영에도 지식경영을 도입, 명확한 과업에 따른 목표와 수치화된 측정지표를 세워 월마다 평가하는 시스템을 갖췄다. 복지시설의 역량과 성과를 계량화하고 이를 측정할 수 있는 지표를 개발한 것은 전 세계적으로도 유례가 없는 일이다.

이랜드 그룹은 이 같은 체계가 아직은 완성판이 아니라며 공개하길 꺼려하고 있다. 하지만 필자는 이 체계가 공신력 있는 외부기관의 도움을 받아 보완과 검증이 제대로 이뤄진다면 국가의 복지사업에까지 적용할 수 있는 유용한 틀거리라고 생각한다.

2003년부터 총 500만 벌의 의류를 지원한 '물품 지원사업' 역시 이랜드만의 차별화 사례다. 500만 벌이면 국민 9명 당 1벌로 돌아간 셈이고, 정상 판매가로 따지면 180억 원 어치가 되는 규모다. 이랜드는 그러나 앞서 언급한 대로 재고 상품을 무료로 주는 방식은 피하고자 했다. 옷을 받게 된 사회복지시설 등 대상자는 직접 자신들이 원하는 사이즈와 색상, 디자인 등을 고를 수 있고, 이랜드는 그들이 원하는 옷을 만들어서 기부한다. 주는 사람의 일방적인 기증이 아니라는 점에서 일반적인 물품 지원 개념을 뛰어넘는다고 할 수 있다. 상대방과의 '파트너쉽'을 강조하는 것은 이랜드식 사회공헌 활동의 또 다른 전략이다. 이랜드는 북한 당국의 협조를 끌어내 평양 구빈리 협동농장에 젖소 및 요구르트 설비와 제반 시설을 설치했다. 이런 인프라를 구성한 뒤 젖소 170마리를 보내 우유와 그 가공품으로 북녘 아이들을 먹일 수 있게 했다.

연해주 고려인들에게 감자를 지원하는 사업은 현지 사정을 잘 아는 '남북나눔'이라는 단체와 공동으로 진행했고, 연변 자치구 조선족 감자 지원 사업은 한겨레영농과 손을 잡았다. 2003년부터 연해주와 연변에 보낸 감자를 다 합치면 7130톤, 9억5000만 원 어치에 달한다. 이랜드는 여기에서 머무르지 않고 현지에서 활동하는 지원 단체들과의 파트너쉽을 강화하기 위해 매년 신입사원 교육 중 일부를 연해주 감자 농장에서 진행하고 있다.

사회 공헌에도 넘치는 아이디어

이랜드의 사회 공헌 활동이 이처럼 여타 기업과는 상당히 다른 모습을 보이는 건 본업과는 상관없는 분야임에도 이랜드맨들의 톡톡 튀는 아이디어와 참여가 한몫하고 있기 때문이다. 그 중에서도 2007년 말 현재 1350명의 이랜드 직원이 참여하고 있는 제3세계 어린이 결연사업이 가장 먼저 손꼽힌다. 제3세계 결연사업은 회사 이름으로 후원을 하는 것이 아니고 직원들이 개인적으로 월 2만원의 쌈짓돈을 내서 이뤄진다. 이 돈은 기아대책 월드비전 등과 협력해 인도, 베트남, 스리랑카, 방글라데시, 모잠비크, 아프가니스탄의 2000여 명 어린이를 지원하는 데 쓴다. 특히 인도 첸라이와 델리, 그리고 베트남 등에는 '이랜드 타운'이 만들어졌다. 이랜드 타운이란 이랜드 그룹 직원들만 유일하게 후원활동을 펴는 지역을 뜻한다. 직원들은 돈만 내는 것이 아니라 매년 돌아가면서 직접 자신이 돕고 있는 어린이를 찾아가 봉사할 수 있는 기회도 회사에서 제공된다.

2001아울렛, 뉴코아, 홈에버 등으로 이랜드 계열 유통 점포가 확대되면서 지역을 거점으로 한 톡톡 튀는 활동들도 활발히 전개되고 있다. 2007년 10월 한 직원의 제안으로 시작된 '행복한 동행'은 이랜드 계열 유통점 직원이 하루씩 돌아가며 거동이 불편한 장애인과 함께 쇼핑하는 이벤트로 지역 사회에 좋은 반응을 얻고 있다.

이랜드는 또한 유통점포당 1개씩의 사회복지관련 기관을 연계하여 직원 자원봉사의 활성화에 힘쓰고 있다. 이들 점포에서는 직원들이 자발적으로 조직한 150개의 봉사 동아리가 활동하는 것은 물론, 각 유통점에 자원봉사리더(VL, Volunteer Leader)를 선정해 체계적인 봉사 프로그램이 진행되도록 매니지먼트를 맡겼다.

2007년 도입한 '이삭줍기펀드'도 지금은 곳곳으로 퍼져 나간 사회공헌 분야의 '아이디어 상품'이 됐다. 각각의 직원 선택에 따라 자신의 급여에서 1000원 / 10만원 / 1만원 중 한 단위를 결정해 그 미만의 금액을 자동 절삭해 기부하는 프로그램으로 2007년 말 현재 1년 만에 전 직원의 70%가 이삭줍기에 동참하고 있다.

이랜드는 이제 고객들의 '좋은 이웃'이 되고 싶어 한다. 하지만 여전히 이랜드를 삐딱한 시선으로 보는 이들도 많이 남아 있다. "자선활동을 할 돈이 있으면 비정규직 처우를 개선하라"는 민주노총식 주장에 동조하는 이들이 여전히 이랜드를 의심어린 눈길로 보고 있다. 하지만 기업이 이익을 내기 위해 경영을 효율화하는 것과 벌어들인 이윤 중 일부를 사회에 환원하는 사업을 펴는 것은 서로 전혀 다른 차원의 문제다.

하지만 그 같은 일부의 비판을 극복하는 것 역시 이랜드가 짊어져야 할 과제다. '이익을 내야 한다'는 일념으로 같은 품질의 옷을 '세계에서 가장 싸게 만들 수 있는 기업'이 된 이랜드가 사회 공헌 활동의 원칙과 전력을 각각 세워놓고 팔을 걷어붙인 만큼 '세계에서 가장 나눔을 잘 실천하는 기업'으로 인식될 날도 그리 멀지 않을 것이라는 게 필자의 생각이다.

아이디어로 성공한 사회공헌 사례들

기업의 특성을 잘 살린 '아이디어 사회공헌' 사례로 대표적인 것은 KT의 'IT 서포터즈' 사업이다. 소외계층을 상대로 정보기술(IT) 나눔 활동을 벌이는 것인데 독점 이익을 챙기는 '공룡 공기업'의 이미지를 바꾸기 위해 KT가 2007년 초부터 아름다운 재단과 공동으로 시작했다. 특징은 돈으로 하는 기부가 아니라 기업이 갖고 있는 역량을 가지고 한다는 것. '지식 기부'라는 신개념을 도입했다.

IT 서포터즈 사업이 시작된 지 100일 만인 2007년 5월 31일 서울 광화문에 있는 KT아트홀에서는 의미 있는 행사가 열렸다. 인터넷 쇼핑몰 사장의 꿈을 갖게 된 1급 지체장애인, 가족과 이메일로 안부를 전할 수 있게 된 베트남 신부, 가수의 꿈을 키우고 있는 시각장애인, 아이들과 자유롭게 이메일을 주고받게 돼 기쁘다는 할머니 등 갖가지 사연이 소개돼 참석자들에게 잔잔한 감동을 줬다. 이 사람들에게 희망을 갖도록 도움을 준 게 바로 IT 서포터즈였다. 이런 사연들은 광고로도 만들어져 KT의 기업이미지를 향상시키는 데 크게 한몫을 하고 있다.

IT 서포터즈는 컴퓨터나 IT 관련 자격증을 가진 KT 직원 400명이 장애인과 노인 등 정보 소외계층을 대상으로 인터넷과 컴퓨터 등 IT 기기 활용을 지원하고 맞춤형 IT 교육도 무료로 실시한다. KT 직원들이 가진 IT지식과 기술을 기부하는 셈이다. 1년 동안 IT 서포터즈의 도움을 받은 사람만 10만 명이 넘는다. KT는 이 활동으로 기존의 사회공헌 방식을 뛰어넘어 IT기업의 특징을 살려 새로운 사회적 책임활동의 대안을 제시했다는 평가를 받고 있다.

지난 5월 현대중공업의 민계식 부회장과 최길선 사장 등의 경영진은 김성호 노조위원장을 비롯한 노조 간부들과 함께 장기기증 서약을 했다.

LG전자는 전국 초·중·고등학교와 복지시설을 돌며 '이동전자교실'을 열고 있다. 강연극 형태의 전자 쇼와 빛, 원심력, 소리 등의 성질을 알아보는 과학 실습 체험 등을 진행하는 프로그램이다. 전자전문기업이라는 특성을 살려 어린이들이 쉽게 접하기 힘든 과학 실험을 보여주고 공부에 흥미를 느끼도록 도와주는 행사다. 2007년 초부터 한양대 자연대학의 청소년 과학기술센터와 계약을 맺어 공동으로 운영하고 있으며 미래의 과학자인 어린이들에게 꿈과 희망을 길러주는 뜻있는 활동으로 평가 받고 있다.

삼성증권은 소외계층 어린이들이 다니는 지역 공부방에서 '경제교실'을 꾸준히 운영하고 있다. 경제적으로 어렵다 하더라도 경제지식과 뛰어난 창의성만 있으면 커서 꼭 성공할 수 있다는 믿음을 심어주는 것으로 저소득층 학생들은 물론이고 학부모까지 찾아와 강의를 듣는 등 반응이 뜨거웠다고 한다.
 노사가 함께 '사랑의 장기기증 캠페인'을 벌인 회사도 있다. 현대중공업 노사는 한꺼번에 무려 6200여 명이 장기기증 서약에 동참했다. 이는 한 단체에서 국내 최다 인원이 장기기증에 동참한 사례로 기록됐다. 노사 협력의 모습을 넘어 사회와 함께 숨 쉬어야 한다는 기업의 인식변화를 보여준다.

3

위기를 기회로

위기를 기회로 - 세상을 향한 이랜드 분투기

불과 20여년 만에 재계 서열 26위의 대기업으로 성공한 이랜드는 세상을 향한 거침없는 도전으로 업계의 태풍의 눈으로 주목되곤 했다. 타기업 같으면 받지 않아도 될 오해들—이랜드 통일교설, 기독교인 판매설 등—을 받으면서도 특유의 생명력으로 위기를 기회로 만들었던 이랜드는 급기야 비정규직 사태로 최대의 위기를 맞기도 했다.

이 장에서는 오직 '좁은길' 로만 가고자 했던 이랜드의 윤리경영이 빚은 오해와 극복, 이를 통해 더욱 단단해지는 이랜드만의 세상을 향한 분투기를 다뤘다.

3장
위기를 기회로

"유능한 뱃사공은
바람과 파도를 이용할 줄 안다. 아파서 회사에 못 나오면 독서와 공부를 할 수 있는 기회로 삼는다. 낡은 건물과 중고 자동차를 고쳐 쓰다보면 집이나 차와 관련된 사업 아이디어를 얻을 수 있다. 고장이 잦은 오래된 컴퓨터와 씨름을 하다보면 전산 지식이 자연스럽게 쌓인다. 자신이 약점이 많은 사람이면 다른 사람을 통해 배우려고 노력하면 되고 용모가 떨어지는 사람은 옷 잘 입는 법 또는 화장법을 터득할 기회가 많다. 능력이 모자라는 최고경영자(CEO)는 권한 이양을 통해 뛰어난 중간 관리자를 키워 낸다. 경사진 땅에는 평지보다 멋진 건축물을 지을 수 있다. 불황 때 혁신적인 마케팅 전략이 나오고, 자원이 부족해야 기술이 발달한다. 창고가 없으면 재고를 줄일 수밖에 없고, 청소부를 쓰지 않으면 주변 청결에 스스로 관심을 갖게 된다."

　이것이 바로 이랜드식 사고법이다. 그래서 지금껏 이랜드는 위기를 또 다른 도약을 위한 기회로 여겨왔다. 이랜드 그룹은 삼성, LG, 현대 등 전통 대기업에 비해 사업 경험이 미천하다. 큰 이익을 내면 현금으로 쌓아 두지 않고 곧바로 유통점을 낼 건물 또는 토지를 사거나 다른 사업에 재투자해 자본을 축적할 기회도 갖출 수 없었다. 때문에 이랜드는 항상 등 뒤에서 바짝 붙어 서늘한 기운을 내뿜는 '위기'에 쫓기며 달려 왔다. 그렇지만 이랜드의 시선은 항상 저 멀리에 보이는 성공을 향해 있었기에 그것을 '기회'로 바꿀 수 있었다. 통일교 연관설에 시달린 사연부터 외환위기를 극복한 과정에 이르기 까지 이랜드 그룹이 위기에 빠졌던 순간들을 되짚어 보자.

1
허깨비와의 전쟁

통일교 연관설

'이 세상의 빛과 소금이 되는 기업'을 목표로 사업 활동을 펴온 이랜드. 지금까지 여러 번 언급했다시피 이랜드의 경영 이념은 기독교 정신을 밑바탕에 깔고 있다. 지금은 많이 현실적으로 변했지만 한동안은 일요일에 '주일 성수'를 한다며 매장 문을 닫아버렸을 정도로 기독교적 색채가 강한 회사다. 주6일 근무제가 보편적이던 시절 옷가게라면 한 주 중 유일한 휴일인 일요일에 매출이 집중되는 데도 말이다.

그런데 1989년부터 '이랜드를 통일교가 인수했다더라' 아니면 '통일교 자금으로 성장을 한 회사라더라' 하는 식의 뜬금없는 소문들이 돌기 시작했다. 물론 전혀 근거가 없는 소리였다. 한 시민단체에서 내는 소식지에 이 같은 괴소문이 확인도 없이 실리면서 기독교인들이 이랜드 불매운동에 나서기까지 했다. 당시 통일교는 기독교도들이 '이단 중의 이단'으로 가장 강력하게 배척하는 종교집단이었기에 이 소문의 파괴력은 상당했다는 게 당시 근무했던 이랜드 직원들의 증언이다.

당시 중저가 시장을 독식하는 이랜드를 겨냥해 패션 대기업들이 우후죽순처럼 비슷한 콘셉트의 브랜드를 내놓던 시기였다. 통일교 연관설은 그 중 '한 기업이 의도적으로 퍼뜨린 것이 아닌가?' 하고 이랜드 직원들은 추측만 할 뿐이다.

두 가지 지점에서 이 소문은 이랜드의 상승세를 꺾어 놓는데 지대한 역할을 했다.

첫째, 기독교계의 광범위한 거부감을 낳고 말았다. 그동안 일부 교인들이 박성수 회장을 '이사야 선지자'에 비유하는 경우가 있을 정도로 기독교에서는 이랜드를 '믿음의 기업'이라며 마음으로부터 성원을 보냈었다. 필자가 다니던 지방의 한 교회에서는 일요일에 이랜드, 브렌따노, 헌트 등 이랜드 계열 브랜드의 옷을 입는 것을 자랑스럽게 여길 정도였다.

그런데 이단의 돈이 들어갔다는 소문이 퍼지자, 그동안의 성원은 크나큰 배신감으로 변해 급속하게 부정적 여론을 타기 시작했다. 답답한 마음에 이랜드 일부 매장에서는 문 앞에 '이랜드는 통일교와 관련이 없습니다'라고 종이에 써서 붙이기도 했다. 그러자 이번에는 통일교 신자들이 항의전화를 걸어왔다. "통일교라서 뭐 어쨌다는 거냐?'는 식의 볼멘소리였다.

둘째, 일반 고객들에게 이랜드의 종교적인 색채가 강하게 부각되는 것에 따르는 부작용을 낳았다. 이랜드가 기독교인들을 염두에 두고 통일교와 연관이 없고 기독교 이념을 바탕으로 하는 회사라는 사실을 해명하면 할수록 일반인들의 뇌리에는 전후 좌우 사정은 다 빠지고 '이랜드가 무슨 종교와 연관이 있는 회사' 라는 이미지만 강력하게 각인되는 효과를 낳았던 것이다. 경쟁업체의 의도적인 방해 공작으로 짐작되는 괴소문은 그 뒤로 2~3년간 이랜드를 더 괴롭혔다. 하지만 근거가 없는 소문이란 게 다 그렇듯 조금씩 조금씩 사람들에게서 잊혀져 갔다.

통일교 연관설은 그 뒤로 잊을만하면 한번씩 튀어 나와 이랜드 그룹측을 곤혹스럽게 했다. 외환위기 당시 이랜드가 거액의 외자유치에 성공하자 증권가 정보지(속칭 '찌라시')에는 '통일교 재단이 미국에 만들어 둔 페이퍼컴퍼니로부터 돈이 흘러 들어온 정황이 있다' 는 등의 근거 없는 헛소문이 돌기도 했다. 이랜드는 대응을 하면 할수록 소문이 더 커지는 부작용이 있다는 것을 알았기에 통일교 연관설에는 일절 무대응으로 일관하고 있다.

어음도 안 쓰는 회사가 부도라니

빨리 크다보니 이랜드를 견제하는 경쟁사도 많아졌다. 박성수 회장은 기업 규모가 어느 정도 커진 시점에도 여느 사장들처럼 비슷한 업종끼리 어울려 골프 모임을 가진다던가 사업하는 사람들끼리 적당히 모여 패를 짓는 등의 활동을 전혀 하지 않았다. 이런 모습은 다른 회사 사람들에게 당연히 '천상천하 유아독존'으로 비춰질 수밖에 없었다. 그러니 이랜드를 겨냥해 '한번 당해봐라'는 식의 노골적인 헛소문을 퍼뜨리는 이들이 종종 생겨났다. 이제 경쟁사와 싸우는 게 아니라 '루머'라는 허깨비와 전쟁을 벌이는 셈이었다.

관할 기관 공무원들에게 촌지 한번 돌리지 않았다가 곤욕을 치른 일도 부지기수였던 이랜드다. 철저하게 원칙주의를 고집하는 데도 여러 모로 잘 나가기까지 하는 회사에 대한 시샘이 왜 없었겠는가. 경쟁사가 퍼뜨린 루머 중에는 '부도설'처럼 이랜드의 기업활동에 직접적으로 타격을 주는 것도 있었다.

부도설이 잘못 돌면 멀쩡한 회사도 부도가 날 수 있다. 부도설을 듣게 된 한 은행이 갑자기 대출을 갚으라고 나서고, 옆에 은행이 채권을 회수하니까 덩달아 다른 은행들도 벌떼처럼 달려 들어 빚독촉을 해대면 버틸 재간이 없는 것이다. 그런데 문제는 어음결제를 거의 하지 않고 거의 현금으로만 납품대금을 지급하는 이랜드가 부도가 났다는 소문이 돌고 그것을 믿는 사람이 있었으니 회사 직원들로서는 답답한 노릇이었다.

업계에 이랜드 부도설이 퍼지자 원단업자는 공급을 못하겠다고 하고 봉제공장에서는 물량을 받지 않으려 했다. 대리점주들이 동요하면서 판매에도 차질이 빚어지기 시작했다. 이랜드 그룹은 그동안에도 비율이 낮았던 어음결제를 두달간 아예 중단하고 원단값이든 봉제공장에 대한 임가공료든 무조건 '현금 박치기'로 나갔다. 그렇게 부도설을 진화해 나가는 한편 '루머조사팀'을 꾸려 헛소문의 진원지가 어딘지 추적에 나섰으나 결국 확실한 물증을 잡지 못해 그냥 덮고 말았다.

이랜드 관계자는 "당시 회사에서 전화를 안 받으면 부도설이 돌지 모른다고 해서 전 직원이 4박5일간 가기로 했던 수련회를 취소하고 각 팀이 한명씩 당직을 서며 전화통을 지키기도 했다"고 전했다. 이랜드 간부들은 잘 나간다는 이유만으로 루머에 시달렸던 당시의 경험을 악몽처럼 기억하고 있다.

2
외환위기의 폭풍우를 뚫다

최악의 상황

외환위기의 먹구름이 한국을 덮친 1998년. 세계적인 경영컨설팅 회사인 부즈앨런해밀턴은 당시의 이랜드 그룹을 '회생불가의 회사'로 분류했다. 1990년대 급격한 성장과정에서 계열사는 28개까지 늘었지만 각 브랜드별로 별도의 법인을 가져가다 보니 경영 효율성이 바닥을 기고 있는 상황이었다. 게다가 외환위기의 여파로 각 브랜드별 매출이 줄면서 현금 흐름이 좋지 않은 데다 자금 시장에서의 '동맥경화' 현상까지 겹쳐 신규 자금 조달도 어려운 상황이었다. 이랜드 그룹이 총체적인 난국을 맞은 것이다. 재무상태도 점점 엉망진창이 되어 갔고, 자신감 넘치던 경영진조차 방향을 잃고 헤매기 시작했다.

여러 브랜드 중 가장 최악의 상황에 빠진 것은 로엠 사업부였다. 지금은 이랜드리테일의 CEO로 재직 중인 오상흔 대표가 당시 로엠 사업부를 맡고 있었다. 1997년 500억 원에 육박하던 매출은 190억 원까지 추락했고 매출 부진에 따라 대리점 수도 167개에서 94개로 줄었다. 말 그대로 자고 일어나면 대리점이 하나씩 문을 닫는 상황이었던 것. 회사가 어려운 것이 뻔히 보이는 상황이어서 직원들까지 동요했다. 연초 230명이 일하던 회사에서 반년 만에 절반인 100명이 그만두는 사태가 벌어졌다.

이랜드 그룹이 이처럼 큰 어려움에 빠지게 된 것은 특유의 중저가 전략 때문이기도 했다. 아이러니컬하게도 그동안 큰 성공을 안겨 줬던 중저가 전략이 외환위기로 꽁꽁 얼어붙은 내수시장에서 이랜드를 '중저가의 덫'에 걸리게 한 것이다. 소비자들의 지갑에서 돈이 마르자 의류 소비가 줄었고, 의류업체들이 하나 둘 도산하면서 땡처리 옷이 쏟아져 나와 어정쩡한 가격대의 이랜드 계열 브랜드 의류가 설 자리를 잃고 만 것이다. 오히려 아주 고가의 명품 의류 시장은 그나마 살아 움직이고 있었으나 이랜드가 갖고 있는 브랜드력으로는 언감생심 꿈도 못 꿀 시장이었다.

이랜드 그룹은 더 이상 버티지 못하고 1998년 말 대대적인 구조조정에 착수했다. 창업 이래 한 번도 한 적이 없는 정리해고까지 단행해야 하는 상황이었다. 늘 직원들에게 "밤낮 없이 일하면 그만한 보상을 해주겠다."고 약속하고 대부분 그것을 지켰던 박성수 회장으로서는 뜻밖의 위기 상황을 맞아 그동안 믿고 따라 준 종업원들을 내보낸다는 게 생살을 파내는 것보다 더 아픈 상황일 수밖에 없었다. 하지만 달리 뾰족한 수가 없었다.

이랜드는 28개였던 계열사를 8개로 줄였다. 3600명이었던 임직원을 절반으로 감축하기도 했다. 그러면서 단기 유동성 위기를 해소해 줄 자금을 찾아 나섰다. 그러자 시장에서는 "이랜드가 곧 부도난다."는 소문이 돌았고, 돈을 빌리는 것은 더더욱 어려워졌다. 깊은 늪 속으로 발이 점점 빠져 들어가는 데도 옴짝달싹 할 수 없는 상황이었다.

박성수 회장이 직접 나섰다. 당시에는 외환위기로 쓰러지는 한국 회사들을 헐값에 사들이기 위해 다양한 국적의 자본이 한국 시장을 면밀히 모니터링하던 때였다. 박 회장은 미국 워버그 핀쿠스 '(Warburg Pincus)사(社)' 관계자들을 회사로 초청해 창업 이래 작성해 온 회계 장부를 낱낱이 보여줬다. 이랜드가 부도를 내고 나면 사들일 목적으로 회사 탐색차 찾아온 이 회사 관계자들은 이랜드의 장부를 검토한 뒤 "이런 경영진이라면 살려서 투자하는 게 낫겠다."는 결론을 내리고 3200만 달러를 선뜻 내놨다. 이듬해에는 같은 과정을 거쳐 'SSgA사(社)'가 333억 원을 투자했다.

이랜드는 이렇게 외환위기의 폭풍 속에서도 넘어질 듯 넘어질 듯 위태로운 장면을 연출하면서도 끝내 재기에 성공할 수 있었다. 1998년 외환위기 당시 5000억 원이었던 그룹 매출은 다른 회사가 부도나거나 매출이 반의 반 토막 나는 상황에서도 꾸준히 올라 4년 만에 두 배로 신장시키는 반전을 연출해 냈다.

생산성 향상이 근본적 해법

박성수 회장은 외환위기를 겪은 뒤 경영학 서적 100권을 읽을 계획을 세웠다고 한다. 이랜드에 투자한 외국계 펀드 관계자들이 "이랜드는 정직하고 성실하지만 기업 경영과 파이낸싱 기법의 측면에서는 구멍가게 수준을 면치 못하고 있다."는 지적을 내놨기 때문이다. 박 회장은 같은 위기를 다시 겪지 않는 방법은 생산성 향상 밖에 없다는 결론에 이르렀고 이를 위해 회사의 모든 역량을 결집시키기로 했다.

그 방법론으로 등장한 것이 바로 '지식경영(2장 1절 참고)'이다. 박 회장은 생산성과 혁신을 관리하는 경영 역량의 필요성을 절감하고 1998년 경영전략계획 프로세스인 BSC 시스템을 국내 최초로 도입했다. BSC를 통한 경영 혁신에는 외환위기 당시 최악이었던 로엠 사업부가 선봉에 섰다. 로엠의 지식 경영은 매장을 새롭게 하는 것에서부터 출발했다. 1년 만에 반으로 줄어들었지만 남은 90개의 매장을 리모델링할 수 있는 매뉴얼을 개발하라는 임무가 떨어졌다.

오상흔 로엠 대표는 매월 실적평가회의를 열어 직원들의 개별 목표를 관리했고 직원들은 매일 개별 학습을 통해 매장 리모델링과 관련해 자신이 맡은 파트에서 매뉴얼화가 가능한 부분을 뽑아냈다. 이를 시스템을 통해 결집하는 것으로 매장 리모델링 매뉴얼이 착수 8개월 만에 만들어졌다. 인테리어 비용을 분담해야 하는 점주들을 설득하는 과정에서부터 재개장 이벤트 행사에 이르기까지 전 과정이 꼼꼼하게 체크된 매뉴얼이 있었기에 로엠의 다시 태어나기는 순조롭게 마무리됐다.

더 나아가 로엠 사업부는 직원들에게 매장회전율, 납기준수율, 제조이익률 등 의류업 관련 전문 경영지표를 익히게 하고 각각의 변수를 효과적으로 관리할 수 있게 교육을 시켰다. 일선 점원들까지 매출, 일일 방문고객 수, 구매율, 개별단가, 재구매율 등의 지표들을 줄줄 외고 다닐 정도였다. 특정 구역을 관리하는 MD 사원은 그 지표들을 가지고 각 매장별로 역점을 둬야 할 것이 진열인지, 판촉인지, 브랜드파워 증진인지를 효과적으로 도출해 낼 수 있게 됐다.

로엠에서 만들어 낸 이 같은 기법들은 이랜드 계열 다른 브랜드로 점차 확산됐다. 외환위기 당시 가장 먼저 망할 위기에 빠졌던 로엠이 그룹 전체의 회생을 이끈 격이었다. BSC가 전 계열사에 보급된 뒤 그룹 자체 평가 결과 지식 생산에 참여하는 직원이 전체의 70%에 달했고 생산성은 평균 50% 향상된 것으로 나타났다. 2002년에 이르러서는 이랜드에 '회생불가' 딱지를 붙였던 부즈앨런해밀턴이 이제는 거꾸로 이랜드에 '지식경영상'을 주기도 했다.

1995년 1조 원 매출을 올리다가 외환위기의 충격으로 반토막났던 회사가 2002년 다시 매출 외형 1조 원 수준을 회복했다. 1998년 이후 매년 평균 20%씩 매출을 늘린 결과다. 같은 기간 순이익 향상률도 평균 77%를 보였다. 브랜드와 임직원 수가 절반으로 줄어든 상황에서 이 같은 실적을 냈다는 것은 그동안의 외형 확대 위주의 경영에서 생산성 향상을 통해 거품을 걷어내고 내실 경영으로 전환하는데 성공했다는 증거였다.

이랜드의 경영 효율화 기법

1. 고객과 시장 환경 요구에 관한 기록과 리서치 자료 분석
2. 전략 캔버스를 중심으로 전략을 명확히 하고 중기 시나리오 작성
3. 전략 맵과 지표를 작성하고 전략 품질에 관하여 최고 경영층과 인터뷰
4. 계열사 조직은 사업부 차원에서 작성된 경영계획을 모니터링하여 계열사 전략과의 정렬 여부 확인
5. 지표 풀(Pool)을 작성하고 새로이 추가된 지표의 측정방법과 측정 시스템을 개발
6. 각 사업부는 수립된 전략목표를 팀과 개인 차원에서 목표를 정렬
7. 각 개인은 전략과 정렬된 전략수행계획을 KMS(지식경영시스템)에 등록
8. 각 계열사는 전사 또는 사업부 수준에서 진행할 프로젝트의 관리자를 정하고 프로젝트 발족

| 마치며 |

원고를 어렵사리 마무리하고 나니 부끄러운 마음이 앞선다. 머리말에서 자신 있게 선언한 것처럼 2평짜리 구멍가게를 대기업으로 키워낸 이랜드 성공신화에 담겨 있는 마케팅의 비법을 온전히 이 책 한 권에다 담아 냈는가 반문해 보니 필자 스스로도 100% 만족하는 게 아니기 때문이다. 다만 21세기 한국을 대표할 기업의 초창기 성공 사례를 최초로 정리했다는 점이 다소나마 위안거리다. 필자는 20세기 한국의 기업 생태계가 '현대' 와 '삼성'의 시대였다면 21세기는 '이랜드' 와 또 다른 지식경영회사들이 가장 윗자리를 차지할 것으로 굳게 믿고 있다.

아울러 독자 여러분이 이 책을 읽고 이랜드 스피릿 중 하나인 '최고 정신' 만은 마음속에 꼭 담아 갔으면 하는 바람이다. 이랜드의 비즈니스를 성공으로 이끈 단 한가지 비결을 꼽으라면 바로 이 '최고 정신' 을 잃지 않았기 때문이라고 말하고 싶다. 최고 정신이란 '더 나은 것을 향해 가능한 수준까지 만족을 보류하고 타인이나 자신과 경쟁하여 자기 혁신을 계속해 나가는 것' 을 뜻한다. 지금의 현실에 만족해버리는 순간 발전이 중단되고 목표도 없어진다.

이랜드의 최고정신을 돌려 말하면 '최선정신' 이라고도 할 수 있다.

기업이 최고가 되기 위해서는 최선을 다하는 직원이 반드시 필요하다. 최선을 다하는 과정에서 일어난 실패라면 기꺼이 용납돼야 한다. 다만 그 실패가 최고로 가는 길에 밑거름이 될 수 있도록 '지식'과 '경험'으로 축적해야만 한다는 조건이 붙는다. 이랜드는 이런 측면에서 다른 기업들에 비해 똑똑했기에 눈부신 성공을 이룰 수 있었다. 앞서 살펴본 이랜드의 지식경영 메커니즘도 이 과정에서 만들어진 것이다. 이랜드에는 '끊임없는 혁신'이 가능한 의식과 인프라가 동시에 갖춰져 있다.

그런데도 지금의 이랜드 그룹은 외환위기 이후 또 한번 찾아온 커다란 시련을 겪고 있다. 그 첫 단추는 바로 비정규직 사태에서 비롯된 매장점거였다. 이랜드가 타깃이 된 것은 '떼법'이 통하지 않는 이랜드 그룹 특유의 비타협적 기업 문화 때문이었다는 분석이다. 이랜드는 '좋은 게 좋은 거'라는 식의 적당주의가 통하지 않는 기업이다. 노조측에서 비정규직법 사태를 최대한 길게 끌고 가면서 투쟁의 전선과 쟁점을 넓히려 했다면 이랜드보다 더 좋은 상대는 없다는 얘기다. 그렇게 보면 이같은 사업 원칙이 비록 지금은 이랜드의 발목을 잡고 있더라도 앞으로 '영속 기업'으로 성장하는데 장기적으로는 도움이 될 수 있을 것이라는 평가다.

이랜드 그룹은 이제 사업을 핵심역량인 패션과 유통에 집중하려 하고 있다. 그동안의 성공을 견인했던 패션사업 부문은 대형화 컨셉화에 초점을 맞춰 리노베이션하고, 유통사업 부문은 패션전문 할인점이라는 새로운 시장 개척에 성공한 2001아울렛을 중심으로 사업

역량을 집중할 계획이다.

  이랜드가 새로운 성장영역에 대한 기회를 선점하기 위해 지식경영 인프라 구축에 지속적인 투자를 아끼지 말아야 한다고 필자는 생각한다. 이랜드는 국내 유통업계 최초로 ERP(전사적 자원관리) 시스템을 도입했고, 대차대조표가 아닌 '지식자산표'를 국내 기업 최초로 발표한 회사다. 그리고 선진국에서 도입하고 있는 새로운 경영시스템인 BSC(균형 잡힌 성과 성적표) 운영 등에서도 앞서 나가고 있다. 20여 년 간 쌓아온 이같은 지식경영 노하우와 온라인 인프라를 바탕으로 새로운 이랜드 신화를 써나가야 한다.

  이랜드의 성공은 한국에서도 자본 대신 지식을 가진 젊은 기업, 관행을 따르지 않는 정직한 기업이 크게 성장할 수 있다는 사실을 증명해주는 시금석이라고 할 수 있다. 2 평짜리 구멍가게에 불과했던 초창기 시절부터 대기업이 된 지금까지 '비용은 절반으로 줄이고 고객가치는 두 배로 올린다'는 목표를 달성하기 위해 자신들만의 경영원칙을 차근차근 만들어 온 모습을 되짚어본 것은 경제 기자로서 남다른 기쁨이었다. 이랜드가 앞으로 뛰어난 기업을 넘어 위대한 기업으로, 단순한 주식회사가 아니라 21세기를 대표하는 '지식경영회사'로 성장해 나가기를 바란다.

기획재정부 기자실에서 차기현